현장

항공사에서 가르치는
항공승무원 업무중국어

항공승무원
중국어

현장

항공승무원 중국어

초판 1쇄 인쇄 | 2019년 12월 10일
초판 1쇄 발행 | 2019년 12월 17일

지은이 | 조승좌·여소영·김상경·홍승우
펴낸이 | 최화숙
기 획 | 엔터스코리아(책쓰기 브랜딩스쿨)
편 집 | 유창언
펴낸곳 | **아마존북스**

등록번호 | 제1994-000059호
출판등록 | 1994. 06. 09

주소 | 서울시 마포구 성미산로2길 33(서교동)성광빌딩 202호
전화 | 02)335-7353~4
팩스 | 02)325-4305
이메일 | pub95@hanmail.net | pub95@naver.com

ⓒ 조승좌 여소영 김상경 홍승우 2019
ISBN 979-89-5775-208-1 13720
값 15,000원

항공사에서 가르치는
항공승무원 업무중국어

현장 항공승무원 중국어

조승좌 | 여소영 | 김상경 | 홍승우 지음

감수 李哲

아마존북스

머리말

최근 중국은 미국에 이어 두 번째로 큰 경제대국으로 성장하면서 중국인의 해외여행 또한 꾸준히 늘고 있으며 한류의 영향과 한중 양국의 활발한 교류로 인해 우리나라에 방문하는 외국인 관광객에서도 중국 관광객이 1위를 차지하고 있습니다.

국내외 항공사들은 늘어나는 중국인 승객을 유치하고자 중국 노선을 강화하고 있으며, 중국인 관광객의 증가에 따라 중국 노선뿐만 아니라 그 외 다른 노선에서도 중국 승객들이 지속적으로 늘어나고 있어, 중국인 승객과의 원활한 의사소통을 위해 항공사 승무원으로서 중국어의 중요성은 더 크게 대두되고 있는 상황입니다. 이에 항공사에서도 중국어 실무능력을 갖춘 승무원을 필요로 하고 있으며 기존 승무원들에게는 좀 더 전문적인 중국어 구사 능력을 요구하고 있습니다.

현재 많은 국내 항공사들이 승무원 채용 시 중국어 능통자를 우대하고 있으며, 객실승무원 신입훈련 시 기내 중국어 교육 과정을 통해 기본적인 서비스 중국어를 필수로 교육시키는 등 이제 중국어는 항공사 승무원으로서 절대 피할 수 없는 필수조건 중의 하나가 되었습니다.

이에 저자는 항공사에서 승무원으로 15년 동안 근무한 비행 경력과 중국어교관으로서 10년 동안 신입 승무원들에게 기내중국어를 교육하고 이후 국내 및 중국 현지 항공학과 학생을 대상으로 강의한 경력을 바탕으로 국내외 항공사 승무원 분들과 승무원 취업을 준비하시는 분들에게 기내에서 중국인 승객들과 원활하게 의사소통을 하는데 도움을 드리고자 이 책을 집필하게 되었습니다.

처음 중국어를 접하는 학생들도 좀 더 쉽게 접근할 수 있도록 기내에서 쓰이는 표현 중에서도 좀 더 쉬운 표현으로 구성하려고 노력하였으며 비행 중 실제로 자주 쓰이는 표현 위주로 교재를 만들었습니다.

이 교재를 통해 여러분의 기내 중국어 구사능력이 향상되길 바라며 그로 인해 여러분의 취업이나 비행 생활에 도움이 되기를 기대해 봅니다.

조승좌 여소영 김상경 홍승우 저자 일동

중국어의 특징

◇ 중국어는 한족의 언어라는 뜻의 한어(汉语)라는 명칭을 사용하고 지역별로 차이가 심한 방언을 극복하기 위해 표준어를 제정하였는데 이것을 중국에서는 보통화(普通话)라고 부릅니다.

◇ 한어는 표의문자이므로 알파벳 로마자의 발음과 성조를 표기하는데 이를 한어병음이라 합니다.

◇ 중국어는 한자(漢字)와 한자에 해당하는 음절(音節)이 있습니다.

중국어의 음절은 성모(자음) + 운모(모음) + 성조로 이루어져 있습니다.

하나의 음절은 대부분 하나의 뜻을 가지고 있고 각 음절에는 모두 성조가 있습니다.

◇ 중국은 본래의 복잡한 한자 점획을 간단하게 변형시킨 간체자(简体字)를 사용합니다.

홍콩과 대만 등지에서는 기존의 한자인 번체자(繁体字)를 사용합니다.

한어병음 알기

1. 성조

◇ 중국어의 성조는 음의 높낮이를 표시하는 1성, 2성, 3성, 4성과 경성으로 구성되어 있습니다.

◇ 표기법은 각각 제1성(ˉ), 제2성(ˊ), 제3성(ˇ), 제4성(ˋ), 경성은 따로 표기하지 않습니다.

◇ 성조는 운모 위에 표기하며 운모가 2개 이상이면 a 〉 o = e 〉 i = u = ü의 순서대로 표기합니다.

(= 의 경우 두 운모 중 뒤에 오는 운모 위에 표기합니다.)

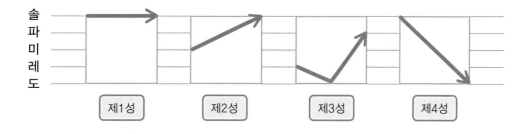

① 제1성-높고 평평하게 '솔'의 음높이를 유지하며 길게 발음합니다.

② 제2성-'미'의 음높이에서 '솔'로 끌어올리며 뒤쪽에 힘을 넣습니다.

③ 제3성-'레'의 음높이에서 '도'로 낮게 누른 후 가볍게 끝을 상승시킵니다.

④ 제4성-'솔'의 음높이에서 빠르게 '도'까지 떨어뜨립니다.

⑤ 경성-가볍고 짧게 발음합니다.

성조의 변화

- ### 제 3성의 변화

  1) 3성 뒤에 1성, 2성, 4성, 경성이 오게 되면 앞의 3성은 내려가는 부분만 발음이 되고 올라가는 부분은 발음이 되지 않는데, 이를 반3성이라고 합니다.

     3성 + 1, 2, 4성, 경성 → 반3성 + 1, 2, 4성, 경성

     예〉 老师 lǎo shī   每年 měi nián   马上 mǎ shàng   喜欢 xǐ huān

  2) 3성 뒤에 3성이 연속으로 오면 앞의 3성을 2성으로 읽어줍니다.

     3성 + 3성 → 2성 + 3성

     예〉 你好 nǐ hǎo   可以 kě yǐ

     ※ 3성으로 표기하고 바뀐 성조로 읽습니다.

- ### 一(yi)의 변화

  1) 一의 원래 성조는 1성이나, 뒤에 4성 또는 4성이 변한 경성이 올 경우 2성으로 읽어줍니다.

     一(1성) + 4성 → 一(2성) + 4성

     예〉 一位 yí wèi   一下 yí xià

  2) 1, 2, 3성 앞에서는 4성으로 읽습니다.

     一(1성) + 1, 2, 3성 → 一(4성) + 1, 2, 3성

     예〉 一边 yì biān   一年 yì nián   一百 yì bǎi

     ※ 변화된 성조로 표기합니다.

- 不(bu)의 변화

  1) 不는 원래 4성이지만 不 뒤에 4성이 올 경우에는 2성으로 읽습니다.

   不(4성) + 4성 → 不(2성) + 4성

   예〉 **不是** bú shì   **不看** bú kàn

   ※ 변화된 성조로 표기합니다.

2. 성모

우리말의 자음에 해당합니다.

◇ **쌍순음** - 입술을 붙였다 떼면서 내는 소리로 o [오어]와 같이 읽습니다.

   b(o) [뽀~어] 우리말의 'ㅃ' 또는 'ㅂ'처럼 발음합니다.

   p(o) [포~어] 우리말의 'ㅍ'처럼 발음합니다.

   m(o) [모~어] 우리말의 'ㅁ'처럼 발음합니다.

◇ **순치음** - 윗니로 아랫입술을 살짝 물었다 떼어내며 내는 소리로 o [오어]와 같이 읽습니다.

   f(o) [포~어] 영어의 f처럼 발음합니다.

◇ **설첨음** - 혀끝을 윗잇몸 안쪽에 붙였다 떼면서 내는 소리로 e [으어]와 같이 읽습니다.

   d(e) [뜨~어] 우리말의 'ㄸ' 또는 'ㄷ'처럼 발음합니다.

   t(e) [트~어] 우리말의 'ㅌ'처럼 발음합니다.

   n(e) [느~어] 우리말의 'ㄴ'처럼 발음합니다.

   l(e) [르~어] 우리말의 'ㄹ'처럼 발음합니다.

◆ **설근음** – 혀뿌리로 목구멍을 막았다가 열어주면서 내는 소리로 e [으어]와 같이 읽습니다.

　　g(e) [끄~어] 혀뿌리로 목구멍을 막았다가 떼면서 우리말의 'ㄲ' 또는 'ㄱ'처럼 발음합니다.

　　k(e) [크~어] g와 같은 방법으로, 우리말의 'ㅋ'처럼 발음합니다.

　　h(e) [흐~어] 속에서 소리를 끌어오는 듯한 느낌으로 우리말의 'ㅎ'처럼 발음합니다.

◆ **설면음** – 혀를 넓게 펴고 입을 양쪽으로 벌려 내는 소리로 운모 i와 결합시켜 [지, 치, 시]로 발음합니다.

　　j(i)　[지]　우리말의 'ㅈ'처럼 발음합니다.

　　q(i)　[치]　우리말의 'ㅊ'처럼 발음합니다.

　　x(i)　[시]　우리말의 'ㅅ'처럼 발음합니다.

◆ **권설음** – 말아 올린 혀끝이 입천장에 닿았다 떨어지면서 나는 소리로 운모 i와 결합시켜 [즈, 츠, 스, 르]로 발음합니다.

　　zh(i) [즈] 혀끝을 말아 입천장에 닿을 듯 말 듯하게 하면서 공기를 마찰시켜 발음합니다.

　　ch(i) [츠] zh와 비슷하게 발음하면서 입김을 강하게 내뿜어 발음합니다.

　　sh(i) [스] zh와 비슷하게 혀를 말아 공기를 마찰시켜 '스' 발음을 냅니다.

　　r(i)　[르] 영어의 r과 비슷하게 혀를 뒤쪽으로 말아 발음합니다.

◆ **설치음** – 혀끝을 윗니 뒤쪽에 붙였다 떼면서 공기를 뱉는 느낌으로 내는 소리로 운모 i와 결합시켜 [쯔, 츠, 쓰]로 발음합니다.

　　z(i)　[쯔]　'쯧쯧' 혀를 차는 것처럼 'ㅉ'를 발음합니다.

　　c(i)　[츠]　z와 같은 방법으로 우리말의 'ㅊ'처럼 발음합니다.

　　s(i)　[쓰]　z와 같은 방법으로 우리말의 'ㅆ'처럼 발음합니다.

3. 운모

우리말의 모음에 해당되는 부분으로, 발음 부위와 방법에 따라 단운모, 복운모, 비운모, 권설운모로 구분됩니다.

◇ 단운모 – 가장 기본이 되는 운모입니다.

   a   [아]   입을 크게 벌리고 우리말의 '아'처럼 발음합니다.

   o   [오~어]   입을 반쯤 벌리고 혀는 중간 높이에 두고, 우리말의 '오~어'처럼 발음합니다.

   e   [으~어]   입을 반쯤 벌리고 혀는 중간 높이에 두고, 우리말의 '으~어'처럼 발음합니다.

   i   [이]   입을 좌우로 당기고, 우리말의 '이'처럼 발음합니다.

   u   [우]   입을 작게 벌리고 입술을 동글게 오므리면서, 우리말의 '우'처럼 발음합니다.

   ü   [위]   입술을 동그랗게 오므리면서 우리말의 '위'처럼 발음합니다. 발음이 끝날 때까지 입술을 오므리고 있어야 합니다.

◇ 복운모 – 두 개의 운모로 이루어진 운모를 말하며, 앞쪽 모음을 길게 뒤쪽 모음은 짧게 소리 냅니다.

   ai   [아~이]   우리말의 '아~이'처럼 발음하되 앞의 a를 길고 강하게 뒤의 i를 짧게 가볍게 발음해줍니다.

   ei   [에~이]   우리말의 '에~이'처럼 발음하되 앞의 e를 강하게 뒤의 i를 짧고 가볍게 발음해줍니다.

   ao   [아~오]   우리말의 '아~오'처럼 발음합니다.

   ou   [오~우]   앞의 o를 강하게 뒤의 u를 약하게 발음합니다.

◇ **비운모** – 비음(콧소리)이 들어가는 음인 n과 ng와 결합된 운모입니다.

an　　[안]　a에 비음인 n을 붙여 우리말의 '안'처럼 발음합니다.

en　　[으언]　우리말의 '으언'처럼 발음합니다.

ang　　[앙]　a에 비음 ng를 붙여 우리말의 '앙'처럼 발음합니다.

eng　　[엉]　우리말의 '엉'처럼 발음합니다.

ong　　[옹]　o발음에 ng를 붙여 '옹'처럼 발음합니다.

◇ **권설운모** – 혀 끝을 말아서 발음하는 운모입니다.

er　　[얼]　혀 끝을 말아 우리말의 '얼'처럼 발음합니다.

◇ **결합운모** – 두 개의 모음이 합쳐져 이중모음의 소리가 나는 운모입니다.

i 결합운모: i 뒤에 다른 운모가 결합된 운모로, i가 성모 없이 시작할 때는 i → y로 표기하며 단독으로 쓰일 때는 yi로 표기합니다.

ia　　[이야]　→ ya 우리말의 '이야'처럼 발음합니다.

ie　　[이에]　→ ye 우리말의 '이에'처럼 발음합니다.

iao　[이아오]　→ yao 우리말의 '이아오'처럼 발음합니다.

iou　[이여우]　→ you 우리말의 '이여우'처럼 발음합니다.

ian　[이앤]　→ yan 우리말의 '이앤'처럼 발음합니다.

iang [이앙]　→ yang 우리말의 '이앙'처럼 발음합니다.

iong [이용]　→ yong 우리말의 '이용'처럼 발음합니다.

in　　[인]　→ yin 우리말의 '인'처럼 발음합니다.

ing　[잉]　 → ying 우리말의 '잉'처럼 발음합니다.

* iou 앞에 성모가 올 때는 o를 생략하여 iu로 표기하며, o는 약하게 발음합니다.

예〉 j + iou → jiu

① **u 결합운모** : u 뒤에 다른 운모가 결합된 운모로, u가 성모 없이 시작할 때는 u →
w로 표기하며 단독으로 쓰일 때는 wu로 표기합니다.

    ua   [우와] → wa 우리말의 '우와'처럼 발음합니다.

    uo   [우워] → wo 우리말의 '우워'처럼 발음합니다.

    uai   [우와이] → wai 우리말의 '우와이'처럼 발음합니다.

    uan   [우안] → wan 우리말의 '우안'처럼 발음합니다.

    uang [우앙] → wang 우리말의 '우앙'처럼 발음합니다.

    uei   [우웨이] → wei 우리말의 '우웨이'처럼 발음합니다.

    uen   [우언] → wen 우리말의 '우언'처럼 발음합니다.

    ueng [우엉] → weng 우리말의 '우엉'처럼 발음합니다.

  * uei와 uen 앞에 성모가 올 때는 e를 생략하여 ui, un으로 표기하며, e를 약하게 발음합니다.

  예〉 d + uei → dui   h+ uen → hun

② **ü 결합운모** : ü 뒤에 다른 운모가 결합된 운모로, ü가 성모없이 단독으로 쓰일 때는
yu로 표기합니다.

    üe   [위에] → yue 우리말의 '위에'와 발음이 비슷하나, '위'를 발음할 때 동그랗게
                  오므린 입술 모양을 바꾸지 않고 유지해야 합니다.

    üan [위앤] → yuan 우리말의 '위앤'과 비슷하게 발음하되 '위'를 발음할 때는 입술
                  모양을 바꾸지 않고 유지합니다.

    ün   [윈] → yun 우리말의 '윈'과 비슷하게 발음하되 '위'를 발음할 때는 입술모양
                  을 바꾸지 않고 유지합니다.

  *성모 j, q, x와 운모 ü가 결합할 때는 ü의 두 점을 떼어버리고 u로 표기합니다.

  예〉 qü → qu   jüan → juan   xüan → xuan

운모\성모	a	o	e	i	er	ai	ei	ao	ou	an	en	ang	eng	ong	i	ia	iao	ie	iou	ian
b	ba	bo				bai	bei	bao		ban	ben	bang	beng		bi		biao	bie		bain
p	pa	po				pai	pei	pao	pou	pan	pen	pang	peng		pi		piao	pie		pian
m	ma	mo	me			mai	mei	mao	mou	man	men	mang	meng		mi		miao	mie	miu	mian
f	fa	fo					fei		fou	fan	fen	fang	feng							
d	da		de			dai	dei	dao	dou	dan	den	dang	deng	dong	di		diao	die	diu	dian
t	ta		te			tai		tao	tou	tan		tang	teng	tong	ti		tiao	tie		tian
n	na		ne			nai	nei	nao	nou	nan	nen	nang	neng	nong	ni		niao	nie	niu	nian
l	la		le			lai	lei	lao	lou	lan		lang	leng	long	li	lia	liao	lie	liu	lian
z	za		ze	zi		zai	zei	zao	zou	zan	zen	zang	zeng	zong						
c	ca		ce	ci		cai		cao	cou	can	cen	cang	ceng	cong						
s	sa		se	si		sai		sao	sou	san	sen	sang	seng	song						
zh	zha		zhe	zhi		zhai	zhei	zhao	zhou	zhan	zhen	zhang	zheng	zhong						
ch	cha		che	chi		chai		chao	chou	chan	chen	chang	cheng	chong						
sh	sha		she	shi		shai	shei	shao	shou	shan	shen	shang	sheng							
r			re	ri				rao	rou	ran	ren	rang	reng	rong						
j															ji	jia	jiao	jie	jiu	jian
q															qi	qia	qiao	qie	qiu	qian
x															xi	xia	xiao	xie	xiu	xian
g	ga		ge			gai	gei	gao	gou	gan	gen	gang	geng	gong						
k	ka		ke			kai	kei	kao	kou	kan	ken	kang	keng	kong						
h	ha		he			hai	hei	hao	hou	han	hen	hang	heng	hong						
	a	o	e		er	ai	ei	ao	ou	an	en	ang	eng		yi	ya	yao	ye	you	yan

in	iang	ing	iong	u	ua	uo	uai	uei	uan	uen	uang	ueng	ü	üe	üan	ün
bin		bing		bu												
pin		ping		pu												
min		ming		mu												
				fu												
		ding		du		duo		dui	duan	dun						
		ting		tu		tuo		tui	tuan							
nin	niang	ning		nu		nuo			nuan				nü	nüe		
lin	liang	ling		lu		luo			luan	lun			lü	lüe		
				zu		zuo		zui	zuan	zun						
				cu		cuo		cui	cuan	cun						
				su		suo		sui	suan	sun						
				zhu	zhua	zhuo	zhuai	zhui	zhuan	zhun	zhuang					
				chu	chua	chuo	chuai	chui	chuan	chun	chuang					
				shu	shua	shuo	shuai	shui	shuan	shun	shuang					
				ru	rua	ruo		rui	ruan	run						
jin	jiang	jing	jiong										ju	jue	juan	jun
qin	qiang	qing	qiong										qu	que	quan	qun
xin	xiang	xing	xiong										xu	xue	xuan	xun
				gu	gua	guo	guai	gui	guan	gun	guang					
				ku	kua	kuo	kuai	kui	kuan	kun	kuang					
				hu	hua	huo	huai	hui	huan	hun	huang					
yin	yang	ying	yong	wu	wa	wo	wai	wei	wan	wen	wang	weng	yu	yue	yuan	yun

〈차 례〉

기본 서비스
중국어 표현

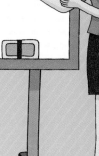

nín hǎo
您好?
안녕하십니까?

huān yíng dēng jī
欢迎登机。
탑승을 환영합니다. 어서 오십시오.

xiè xie
谢谢!
감사합니다.

bú kè qi
不客气。
천만에요.

duì bu qǐ
对不起。
죄송합니다.

méi guān xi
没关系。
괜찮습니다.

hǎo de
好的。
네, 알겠습니다.

nín xū yào bāng máng ma
您需要帮忙吗?
무엇을 도와드릴까요?

qǐng shāo děng yí xià
请稍等一下。
잠깐만 기다려 주십시오.

dǎ rǎo yí xià
打扰一下。
실례하겠습니다.

wǒ mǎ shàng wèi nín zhǔn bèi
我马上为您准备。
곧 준비해 드리겠습니다.

gǎn xiè nín de děng dài

感谢您的等待。

기다려 주셔서 감사합니다

gěi nín

给您。

여기 있습니다.

xiè xie nín de hé zuò

谢谢您的合作。

협조해 주셔서 감사합니다.

zài jiàn

再见。

안녕히 가십시오.

단어학습

您 nín	대	당신, 你의 높임말	马上 mǎ shàng	부	곧, 즉시
好 hǎo	형	좋다	为 wèi	개	~를 위하여
欢迎 huān yíng	동	환영하다	准备 zhǔn bèi	동	준비하다
登机 dēng jī	동	비행기에 탑승하다	感谢 gǎn xiè	명, 동	감사(하다)
谢 xiè	동	감사하다	的 de	조	~의
需要 xū yào	동	필요로 하다	等待 děng dài	동	기다리다
稍 shāo	부	약간, 잠시	给 gěi	동	주다
等 děng	동	기다리다	合作 hé zuò	명, 동	협조(하다)
一下 yí xià	양	좀~하다	再 zài	부	다시
打扰 dǎ rǎo	동	방해하다.	见 jiàn	동	보다

1-2 어법 익히기

1. 인칭

	단수	복수
1인칭	나 我 wǒ	우리 我们 wǒ men
2인칭	너 你 nǐ 당신(존칭) 您 nín	너희들, 당신들 你们 nǐ men
3인칭	그 他 tā 그녀 她 tā 그것 它 tā	그들 他们 tā men 그녀들 她们 tā men 그것들 它们 tā men

2. 경어 请 qǐng

영어의 'please'에 해당되는 표현으로 문장 앞에 붙여서 '~해주세요. 부탁 드립니다.'의 의미를 나타냅니다.

请这边走。	qǐng zhè biān zǒu	이쪽으로 가십시오.
请上楼。	qǐng shàng lóu	위층으로 올라가십시오.

3. 一下 yí xià

동사 뒤에 쓰여 '(시험 삼아)~좀 해보다' 또는 '~하다'라는 의미로 어감을 부드럽게 해주는 역할을 합니다.

请稍等一下。	qǐng shāo děng yí xià	기다려 주십시오.
打扰一下。	dǎ rǎo yí xià	실례합니다.

연습문제

1 주어진 한어병음의 한자와 뜻을 쓰세요.

① huān yíng　　_____

② dēng jī　　_____

③ dǎ rǎo　　_____

④ mǎ shàng　　_____

⑤ gǎn xiè　　_____

⑥ zài jiàn　　_____

2 다음 승객의 말에 알맞은 대답을 간체자로 써보세요.

① 승객 : 谢谢。

승무원 : _____.

② 승객 : 对不起。

승무원 : _____.

3 〈보기〉를 보고 빈 칸에 알맞은 단어를 쓰세요.

보 기

等　　合作　　准备

① 请稍＿＿＿＿＿＿＿一下。
   qǐng shāo děng yí xià

② 谢谢您的＿＿＿＿＿＿＿。
   xiè xie nín de hé zuò

③ 我马上为您＿＿＿＿＿＿＿。
   wǒ mǎ shàng wèi nín zhǔn bèi

4 손님에게 물건을 드릴 때 쓸 수 있는 표현을 한어병음과 간체자로 쓰세요.

＿＿＿＿＿＿＿＿＿＿＿＿＿＿＿＿＿＿＿＿＿＿＿＿＿＿＿＿＿

5 다음과 같은 상황에서 할 수 있는 알맞은 중국어 표현을 연습해 보세요.

1) 손님이 pax call을 눌렀을 경우

→ ＿＿＿＿＿＿＿＿＿＿＿＿＿＿＿＿＿＿＿＿＿＿＿＿＿

2) 손님을 기다리게 했을 경우

→ ＿＿＿＿＿＿＿＿＿＿＿＿＿＿＿＿＿＿＿＿＿＿＿＿＿

1-4 면접 꿀팁

꿈은 학습이 필요하다

10년 이상 항공사 승무원공채 면접관, 승무원학과 입시 면접관을 하면서 가장 자주 경험하고, 가장 아프게 느끼는 현상이 있다. 학생들이 승무원이라는 자신의 '꿈'을 욕망만 한다'는 것. 자신의 땀과 눈물을 좌지우지하는 '꿈'을 너무 감성적으로 대하는 모습이다. 우리나라에서 '꿈'이라는 단어가 너무 감성적이어서 그런 것일까? 4년마다 "꿈★은 이루어진다!"를 외치지만 자기 꿈은 잊어버린 사회환경 탓일까?

문제는 자신의 꿈을 간택해 줄 칼자루를 쥐고 있는 면접관들은 절대 감성적으로 승무원을 뽑지 않는다는 사실이다. 항공사 면접관들은 주로 4~50대 중간 간부이거나, 50~60대 경영층들이다. 이들이 함께 일할 동료이자 최고의 서비스 전문가로서 항공기에서 손님을 맞이하고, 사고가 났을 때는 최고의 안전 전문가로서 야무지게 대처해야 할 승무원을 감성적으로 뽑을 리가 없다.

'꿈'이라는 단어는 감성적이지만 '꿈을 준비하는 자세'는 이성적이어야 한다. 꿈은 학습이 필요하다. 자기 꿈의 판관인 면접관들이 어떤 생각과 어떤 기대로 승무원을 뽑는지 학습해야 한다. 감성적으로 욕망만 할 것이 아니라 이성적으로 학습해야 한다. 내 아이, 내 조카를 면접하는 경우가 아니라면 면접관들은 차가울 정도로 이성적이다. 아니다. '초이성적'이라고 표현하는 것이 더 맞을 것이다. 충분한 지면은 아니지만 앞으로 15과에 걸쳐 승무원공채 면접관을 하면서 면접실에서 해주고 싶었던 이야기들을 가감없이 나누려한다. 승무원 중국어를 공부하면서 짬짬이 읽고 음미해 두면 승무원을 준비하는데 좋은 길라잡이가 될 것이다.

제 **2** 과

탑승

본문학습

nín hǎo
您好!

안녕하십니까?

huān yíng dēng jī
欢迎登机。

탑승을 환영합니다.

qǐng chū shì dēng jī pái
请出示登机牌。

탑승권을 보여주십시오.

wǒ kě yǐ kàn nín de dēng jī pái ma
我可以看您的登机牌吗？

탑승권을 보여주시겠습니까？

wǒ kě yǐ kàn nín de dēng jī pái shàng de rì qī hé háng bān hào ma
我可以看您的登机牌上的日期和航班号吗？

날짜와 편명을 확인해도 될까요？

qǐng zhè biān zǒu / qǐng nà biān zǒu
请这边走。/ 请那边走。

이쪽으로 가십시오. / 저쪽으로 가십시오.

qǐng shàng lóu
请上楼。

위층으로 올라가십시오.

qǐng yì zhí zǒu
请一直走。

곧장 들어가십시오.

qǐng nín ràng yí xià
请您让一下。

잠시만 비켜주십시오.

qǐng suí wǒ lái
请随我来。

저를 따라 오십시오.

nín de zuò wèi zài zhè biān

您的座位在这边。

손님 좌석은 이쪽입니다.

🔄 교체해 보세요

· 那边 nà biān 저쪽
· 前面 qián miàn 앞쪽
· 后面 hòu miàn 뒤쪽
· 里面 lǐ miàn 안쪽
· 外面 wài miàn 바깥쪽
· 中间 zhōng jiān 중간

tip 你好는 '안녕하세요'라는 뜻으로 시간, 장소, 대상에 관계 없이 쓸 수 있는 인사말로 다음과 같이 시간에 따른 인사말로 바꿔 쓸 수 있습니다.

오전인사 早上好! zǎo shang hǎo
오후인사 下午好! xià wǔ hǎo
저녁인사 晚上好! wǎn shang hǎo

단어학습

欢迎 huān yíng	통 환영하다	那边 nà biān	대 저쪽
登机 dēng jī	통 탑승하다	走 zǒu	통 가다
请 qǐng	통 청하다	上楼 shàng lóu	통 위층으로 올라가다 명 위층
出示 chū shì	통 내보이다	一直 yì zhí	부 똑바로, 계속해서
登机牌 dēng jī pái	명 탑승권	让 ràng	통 양보하다. 옆으로 피하다.
可以 kě yǐ	통 ~할 수 있다. ~해도 된다.	随 suí	통 따르다. 따라가다
看 kàn	통 보다	座位 zuò wèi	명 좌석
吗 ma	조 문장 끝에 사용해서 의문을 나타냄	在 zài	통 ~에 있다. 개 ~에
日期 rì qī	명 날짜	前面 qián miàn	명 앞쪽
和 hé	접 ~와	后面 hòu miàn	명 뒤쪽
航班号 háng bān hào	명 편명	里面 lǐ miàn	명 안쪽
这边 zhè biān	대 이쪽	外面 wài miàn	명 바깥쪽
		中间 zhōng jiān	명 중간

2-2 어법 익히기

1. 지시대사

가까운 곳을 가리킬 때는 这, 먼 곳을 가리킬 때는 那을 사용합니다.

사물		방향		장소	
이(것)	这(个) zhè (ge)	이쪽	这边 zhè biān	여기	这里 zhè lǐ
저(것)	那(个) nà (ge)	저쪽	那边 nà biān	저기 / 거기	那里 nà lǐ
어느(것)	哪(个) nǎ (ge)	어느 쪽	哪边 nǎ biān	어디	哪里 nǎ lǐ

2. 방위명사

방향과 위치를 나타내는 명사입니다.

앞쪽 前面 qián miàn	안쪽 里面 lǐ miàn	위쪽 上面 shàng miàn	왼쪽 左边 zuǒ biān	중간 中间 zhōng jiān
뒤쪽 后面 hòu miàn	바깥쪽 外面 wài miàn	아래쪽 下面 xià miàn	오른쪽 右边 yòu biān	옆 旁边 páng biān

3. 在 zài

在는 '~에 있다, ~에' 라는 뜻으로 '在 + 장소'의 형식으로 쓰입니다.

> 您的座位在这边。　　당신 좌석은 이쪽에 있습니다.
> nín de zuò wèi zài zhè biān
>
> 请放在行李架内。　　선반 안에 놓아주십시오.
> qǐng fàng zài xíng li jià nèi

4. 조동사 可以 kě yǐ

可以는 '~해도 된다. ~할 수 있다.'는 의미를 가진 조동사로, 可以~吗?로 의문문으로 쓰일 경우 '~해도 됩니까?'라는 뜻으로 상대방의 허락을 구할 때 많이 쓰입니다.

我可以看您的登机牌吗？　　　탑승권을 보여주시겠습니까?

wǒ kě yǐ kàn nín de dēng jī pái ma?

1 주어진 한어병음의 한자와 뜻을 쓰세요.

① kě yǐ _____

② chū shì _____

③ dēng jī pái _____

④ háng bān hào _____

⑤ shàng lóu _____

⑥ zuò wèi _____

2 주어진 단어를 배열하여 올바른 문장을 만들어 보세요.

① 看　我　吗　可以　您的　日期　登机牌上的　和　航班号

_____

② 座位　您的　那边　在

_____

3 밑줄 친 부분을 주어진 말로 바꾸어 보세요.

① 请<u>这边</u>走。

那边

_____

② 您的座位在这边。

↓

那边	_____		里面	_____
前面	_____		外面	_____
后面	_____		中间	_____

4 다음 문장에 공통으로 들어갈 단어를 쓰세요.

> 您的座位_____这边。
>
> 请放_____行李架内。

5 다음과 같은 표현을 중국어로 말해보세요.

1) 탑승권을 보여주십시오.

→ _____

2) 위층으로 올라가십시오.

→ _____

3) 곧장 들어가십시오.

→ _____

4) 저를 따라오십시오.

→ _____

2-4 면접 꿀팁

면접관의 속내

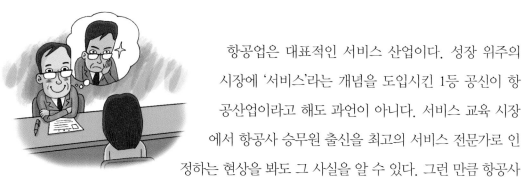

항공업은 대표적인 서비스 산업이다. 성장 위주의 시장에 '서비스'라는 개념을 도입시킨 1등 공신이 항공산업이라고 해도 과언이 아니다. 서비스 교육 시장에서 항공사 승무원 출신을 최고의 서비스 전문가로 인정하는 현상을 봐도 그 사실을 알 수 있다. 그런 만큼 항공사의 중심 간부인 면접관들 역시 전형적인 서비스맨들이다. 서비스를 중시하는 회사에서 20~30년간 교육받고, 평가받고, 서비스를 실천하면서 살아왔기 때문에 공적인 만남에서는 미소를 짓고, 인사를 나누는 것이 몸에 배어 있다.

승무원공채 면접실도 공적인 자리다. 50명 채용에 1만 명이 지원하면 200대 1의 경쟁률이다. 비율로 따지면 0.5%인 50명이 동료가 되고, 99.5%인 9,950명은 탈락한다. 중요한 사실은 이들 9,950명은 항공사의 잠재고객이라는 점이다. 그것도 동료가 되고 싶다고 애달프게 매달렸는데 안 된다고 내쳐진 사람들이다. 그러니 면접실에서 친절하지 않을 수 없고, 미소로 대하지 않을 수 없다. 면접관 교육 시 철저하게 당부받는 것도 '친절하라'이다.

하지만 속내는 다르다. 겉으로는 친절하게 미소를 짓고 있지만 속내는 철저하게 내가 속한 회사 편이다. 어떻게 하면 인성이 좋은 친구를 찾을까, 어떻게 하면 생각이 깊은 친구를 고를까, 어떻게 하면 까다로운 손님과 불의의 사고에도 의연하게 대처할 수 있는 믿음직한 친구를 선택할까를 끊임없이 고민하면서 앉아 있다. 말과 표정과 자세에서 얕은 스킬이 느껴지는 것이 아니라 좋은 인성과 깊은 생각과 믿음직한 성격이 느껴지는 인재를 보물찾기하듯 고르고 있는 것이 면접관의 속내다.

제 **3** 과

수하물
정리

bù hǎo yì si wèi le ān quán

不好意思。为了安全,

죄송합니다만, 안전을 위해

xíng li bù néng fàng zài tōng dào

行李不能放在通道。

짐은 복도에 놓으실 수 없습니다.

qǐng fàng zài zhè lǐ

请放在这里。

여기에 놓아주십시오.

🔄 교체해 보세요

· 这里 zhè lǐ 여기
· 那里 nà lǐ 저기
· 紧急出口 비상구
  jǐn jí chū kǒu

🔄 교체해 보세요

· 行李架内 선반 안에
  xíng li jià nèi
· 座椅下面 좌석 밑에
  zuò yǐ xià miàn

yì suì de wù pǐn, qǐng fàng zài zuò yǐ xià miàn

易碎的物品，请放在座椅下面。

쉽게 깨지는 물건은 좌석 밑에 놓아주십시오.

(수하물이 기내반입사이즈를 초과한 경우)

bù hǎo yì si, nín de xíng li guò dà

不好意思，您的行李过大。

죄송합니다만, 짐을 기내에 보관하기에는 너무 큽니다.

bì xū fàng zài huò cāng bǎo guǎn

必须放在货舱保管。

화물칸에 보관하셔야 합니다.

qǐng ná chū guì zhòng wù pǐn, hù zhào, yào hé yì suì wù pǐn

请拿出贵重物品，护照，药和易碎物品。

귀중품, 여권, 약과 깨지기 쉬운 물건이 있으면 꺼내 주십시오.

nín de zuì zhōng mù dì dì shì nǎr

您的最终目的地是哪儿？

최종목적지는 어디입니까?

nín kě yǐ zài xíng li tí qǔ chù lǐng qǔ

您可以在行李提取处领取。

수하물 찾는 곳에서 찾으실 수 있습니다.

기내 휴대 수하물 규정은 각 항공사와 좌석 등급별로 약간의 차이가 있습니다.
아시아나항공의 경우 기내 반입 가능한 수하물의 크기는 세 변의 합이 115cm 이내, 무게는 10kg 이내
(퍼스트, 비즈니스 클래스 허용개수 2개, 이코노미 클래스 허용 개수 1개)이며, 대한항공도 기내 반입
가능한 수하물의 크기는 세 변의 합이 115cm 이내, 무게는 퍼스트, 비즈니스 클래스는 총 무게 18kg(
허용 개수 2개), 이코노미 클래스는 12kg(허용 개수 1개) 이내로 이를 초과할 경우 화물칸으로 보내어
위탁수하물로 처리하여야 합니다.

단어학습

不好意思 bù hǎo yì si 미안합니다. 실례합니다.		
为了 wèi le	〔개〕 ~을 위해	
安全 ān quán	〔명〕 안전	
行李 xíng li	〔명〕 짐	
能 néng	〔동〕 할 수 있다. 해도 된다.	
不能 bù néng	할 수 없다.	
放 fàng	〔동〕 놓다.	
通道 tōng dào	〔명〕 복도	
紧急出口 jǐn jí chū kǒu	〔명〕 비상구	
行李架 xíng li jià	〔명〕 수하물 선반	
内 nèi	〔명〕 안	
座椅 zuò yǐ	〔명〕 의자	
下面 xià miàn	〔명〕 밑 , 아래	
易碎 yì suì	〔형〕 깨지기 쉽다.	
物品 wù pǐn	〔명〕 물건	

过大 guò dà 〔형〕 너무 크다. 지나치게 크다.
必须 bì xū 〔부〕 반드시~해야 한다.
货舱 huò cāng 〔명〕 화물칸, 짐칸
保管 bǎo guǎn 〔동〕 보관하다.
拿出 ná chū 〔동〕 꺼내다.
贵重物品 guì zhòng wù pǐn 〔명〕 귀중품
护照 hù zhào 〔명〕 여권
药 yào 〔명〕 약
最终 zuì zhōng 〔명〕, 〔형〕 최종(의)
目的地 mù dì dì 〔명〕 복적지
是 shì 〔동〕 ~이다.
哪儿 nǎr 〔대〕 어디
行李提取处 xíng li tí qǔ chù
　〔명〕 수하물 찾는 곳, baggage claim
领取 lǐng qǔ 〔동〕 수령하다. 받다.

3-2 어법 익히기

1. 为了 wèi le

为了는 '~을 위하여'라는 의미로 어떠한 일의 목적을 설명하기 위해 사용합니다.

> 为了安全，我可以看您的登机牌吗？ 안전을 위해 탑승권을 보여주시겠습니까?
> wèi le ān quán, wǒ kě yǐ kàn nín de dēng jī pái ma?
>
> 为了安全，行李不能放在通道。　　　 안전을 위해, 짐은 통로에 놓으실 수 없습니다.
> wèi le ān quán, xíng li bù néng fàng zài tōng dào

2. 能 néng

能은 '할 수 있다'는 뜻으로 부정은 不能이라고 표현하며 '~해서는 안 된다. ~할 수 없다'는 뜻으로 금지를 나타냅니다.

> 不能放在通道。 통로에 놓으면 안됩니다.
> bù néng fàng zài tōng dào
>
> 不能喝酒。　　 술을 마시면 안됩니다.
> bù néng hē jiǔ

＊喝酒 hē jiǔ 통 술을 마시다.

3. 的 de

的는 '~의', '~한'에 해당되는 구조조사로 명사 앞에 쓰여 수식해주는 역할을 합니다.

> 您的座位　　 당신의 좌석
> nín de zuò wèi
>
> 易碎的物品　 깨지기 쉬운 물건
> yì suì de wù pǐn

4. 哪儿 nǎr

哪儿은 '어디', '어느 곳'이라는 뜻의 의문대사로 장소를 물을 때 사용합니다.

> 您的最终目的地是哪儿? 당신의 최종목적지는 어디입니까?
> nín de zuì zhōng mù dì dì shì nǎr
>
> 你去哪儿? 당신은 어디에 갑니까?
> nín qù nǎr

▶ 의문대사

의문대사란 의문을 나타내는 대사로서, 의문대사를 사용하여 의문문을 만들 경우 문장 끝에 吗를 사용하지 않습니다.

무엇	언제	어떻게	어디서	누가	왜	어떠한가	얼마나	몇
什么 shén me	什么时候 shén me shí hòu	怎么 zěn me	哪儿 nǎr (哪里) nǎ lǐ	谁 shuí	为什么 wèi shén me	怎么样 zěn me yàng	多少 duō shǎo	几 jǐ

3-3 연습문제

1 주어진 한어병음의 한자와 뜻을 쓰세요.

① ān quán   _____

② xíng li   _____

③ tōng dào   _____

④ jǐn jí chū kǒu   _____

⑤ xíng li jià   _____

⑥ yì suì   _____

⑦ bì xū   _____

⑧ huò cāng   _____

⑨ ná chū   _____

⑩ lǐng qǔ   _____

2 주어진 단어를 배열하여 올바른 문장을 만들어 보세요.

① 最终　哪儿　您的　目的地　是

_____

② 可以　领取　行李提取处　在　您

_____

3 밑줄 친 부분을 주어진 말로 바꾸어 보세요.

① 行李不能放在通道。

↓

> 这里
> 那里
> 紧急出口

_____

② 请放在这里。

↓

> 行李架内
> 座椅下面

_____

4 〈보기〉를 보고 빈 칸에 알맞은 단어를 쓰세요.

보기

必须   拿出

① 请 _____ 贵重物品, 护照, 药和易碎用品。

qǐng ná chū guì zhòng wù pǐn, hù zhào, yào hé yì suì wù pǐn

② _____ 放在货舱保管。

bì xū fàng zài huò cāng bǎo guǎn

5 밑줄 친 부분에 공통으로 들어가는 단어를 한자로 써 넣으세요.

① 不好意思。 _____ 安全, 行李不能放在通道。

② _____ 安全, 我可以看您的登机牌吗？

6 다음과 같은 표현을 중국어로 말해 보세요.

1) 쉽게 깨지는 물건은 좌석 밑에 놓아주십시오.

→ _____

2) 죄송합니다만, 짐이 너무 큽니다.

→ _____

3) 짐은 화물칸에 보관하셔야 합니다.

→ _____

4) 귀중품, 여권, 약과 깨지는 물건이 있으면 꺼내주십시오.

→ _____

3-4 면접 꿀팁

조망에서
시작하라

숲에 들어가기 전에 멀찍이서 숲 전체를 살펴보는 것이 늪을 피하고, 지름길을 찾는 첩경이다. 만사가 그렇다. 어떤 일이든 시작하기 전에 먼저 전체를 살펴보는 습관이 필수다. 불필요한 낭비와 위험을 줄이기 위해서도 그렇고, 보다 빠르고 안전하게 성공과 행복에 다다르기 위해서도 그렇다. 승무원이라는 꿈도 마찬가지다.

면접할 때 '승무원이라는 꿈을 어떻게 갖게 되었어요?'라고 물어보면 많은 지원자들이 "초등학교 때 혹은 중학교 때 비행기를 처음 탔는데 승무원 언니가 너무 예쁘고 친절해서 저도 승무원이라는 꿈을 갖게 되었습니다."라고 대답한다. 면접관 입장에서는 아무런 감응도, 느낌도 없는 대답이다. 어릴 때 가졌던 꿈에 대한 감성적인 태도와 얕은 생각을 지금도 그대로 가지고 있다는 것을 면접관에게 이야기해 주고 있을 뿐이다.

직업인, 사회인이 되겠다면 꿈과 일과 삶의 의미와 관계에 대해 어느 정도 자기만의 생각과 가치관을 가지고 있어야 한다. 그래야 꼰대인 면접관 앞에서 그를 감동시킬 수 있는 깊이 있는 대답이 나올 수 있다. 스킬만으로는 닳고 닳은 면접관을 절대 감동시킬 수 없다

'인생이란, 일을 통해 꿈을 이루어가는 과정이다.' 인생 안에 일이 있고, 일 안에 꿈이 있다. 그렇다면 정글이라 할 수 있는 인생의 의미에 대해서도 생각을 좀 정리해 보고, 그 정글 안에 내 꿈 나무가 자라고 있는 작은 숲인 항공업에 대해서도 좀 더 깊고 넓게 알아봐야 한다. 그리고 마지막으로 승무원과 함께 일하는 항공사 내의 각종 직업에 대해서도

좀 더 깊고 넓게 알아봐야 한다. 그래야만 자기 꿈에 대한 확신도 깊어질 뿐만 아니라 면접관에게 답변할 때도 그 깊이와 넓이, 관심과 애정의 폭이 이심전심으로 면접관의 가슴에 꽂히게 되는 것이다. 지면 관계상 '꿈과 일과 삶'이라는 무겁지만 필요한 주제를 다 다루지 못한 것이 안타깝고 아쉽다. 다만, '멘토'를 찾으라고 권하고 싶다. 절대고수가 되려면 절대고수를 찾아가듯 책과 사람을 통해 내가 열망하는 꿈의 절대고수를 찾아 나서라. 멘토를 통해 '나의' 소중한 '꿈'과 '일'과 '삶'의 의미와 가치와 관계에 대해 배워라. 그것이 바로 내 꿈을 위한 첫걸음이다.

제 **4** 과

자기소개 및 탑승감사 인사

dǎ rǎo yí xià
打扰一下。

실례합니다.

huān yíng nín dēng jī
欢迎您登机。

탑승해주셔서 감사합니다.

wǒ shì fù zé zhè lǐ de chéng wù yuán
我是负责这里的乘务员〇〇〇。

저는 담당승무원 〇〇〇입니다.

nín xū yào bāng máng, qǐng suí shí gào su wǒ
您需要帮忙, 请随时告诉我。

도움이 필요하시면 언제든지 말씀해 주십시오.

zhù nín lǚ tú yú kuài
祝您旅途愉快。

즐거운 여행 되십시오.

단어학습

负责 fù zé	통 책임지다. 담당하다.	祝 zhù	통 축하하다. 빌다.
乘务员 chéng wù yuán	명 승무원	旅途 lǚ tú	명 여정
随时 suí shí	부 수시로, 언제나	愉快 yú kuài	형 기쁘다. 유쾌하다.
告诉 gào su	통 알려주다.		

4-2 어법 익히기

1. 동사 是 shì

是는 '~이다'라는 뜻으로 'a 是 b'의 형식으로 쓰이며,

부정은 是 앞에 不를 붙여 'a 不是 b'의 형식으로 나타냅니다.

긍정문/부정문	주어 + 是/不是 + 목적어 我是乘务员。　　　wǒ shì chéng wù yuán　　　나는 승무원입니다. 我不是乘务员。　wǒ bú shì chéng wù yuán　　나는 승무원이 아닙니다.

의문문은 의문조사 吗를 붙여 사용하는 일반의문문과 긍정+부정형식(是不是)으로 구성된 정반의문문으로 나타낼 수 있습니다. 정반의문문으로 표현할 때는 의문조사 吗는 사용하지 않습니다.

일반의문문	주어 + 是 + 목적어 + 吗? 你是乘务员吗?　　nǐ shì chéng wù yuán ma?　　당신은 승무원입니까?
정반의문문	주어 + 是不是 + 목적어? 你是不是乘务员?　nǐ shì bú shì chéng wù yuán? 당신은 승무원입니까, 아닙니까?

2. 祝 zhù

祝는 축복을 기원할 때 쓰이는 단어로 '~하길 바라다, 기원하다, 축복하다'라는 의미로 가지고 있습니다. 영어로 'I wish you…'와 비슷한 표현으로 동사 祝 뒤에 축복의 대상과 기원 내용이 차례로 오며, 대상은 종종 생략하기도 합니다.

祝 + 대상 + 기원내용

祝 您 旅途愉快。 zhù nín lǚ tú yú kuài　　　즐거운 여행 되십시오.

祝 你 生日快乐。zhù nǐ shēng rì kuài lè　　　생일 축하합니다.

祝 您 好运。zhù nín hǎo yùn　　　　　　　　행운을 빕니다.

*生日 shēng rì 명 생일
　快乐 kuài lè 형 즐겁다. 유쾌하다.

이 외에도 祝你 + 명절이나 특별한 날 + 快乐의 형식으로 중국의 명절 때 인사로 자주 사용됩니다.

祝 你 圣诞 快乐。zhù nǐ shèng dàn kuài lè　　　　즐거운 성탄절 되십시오.

祝 您 中秋节 快乐。 zhù nín zhōng qiū jié kuài ke　즐거운 추석 보내십시오.

祝 你 春节 快乐。 zhù nǐ chūn jié kuài lè　　　　　즐거운 설날 되세요.

*圣诞 shèng dàn 명 성탄절
　中秋节 zhōng qiū jié 명 추석
　春节 chūn jié 명 설날

4-3 연습문제

1 주어진 한어병음의 한자와 뜻을 쓰세요.

① fù zé _____

② chéng wù yuán _____

③ gào su _____

④ lǚ tú _____

⑤ yú kuài _____

2 주어진 단어를 배열하여 올바른 문장을 만들어 보세요.

① 是　负责　我　这里　乘务员　的　○○○

_____

② 您　旅途　祝　愉快

_____

3 〈보기〉를 보고 빈 칸에 알맞은 단어를 찾아 쓰세요.

보 기

打扰　　登机

① _____一下。
　　dǎ rǎo yí xià

② 欢迎您_____。
　　huān yíng nín dēng jī

4 중국어로 자기소개를 해보세요.

_____

5 다음과 같은 표현을 중국어로 말해보세요.

1) 도움이 필요하시면 언제든지 말씀해주십시오.

→ _____

2) 즐거운 여행 되십시오.

→ _____

4-4 면접 꿀팁

서류심사
첫 번째 관문

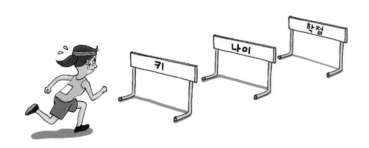

아시아나항공 재직 시의 항공사 직업 소개 강의 때도 그렇고, 퇴직 후 대학교나 승무원 학원 등에서 강의 때도 자주 받는 질문들이 학위, 전공, 학점 등에 대한 것들이다. 사실 항공사 직원 입장이나 면접관 입장에서는 사소한 것들인데 경험도 없고, 정확한 정보 채널도 없다 보니 비전문가들 혹은 인터넷에 떠도는 '카더라통신'들이 학생들을 혼란스럽게 하는 것 같다.

우선 학위의 경우는 학사, 전문학사 모두 가능하다. 비율적으로는 학사 출신이 더 많은 것 – 양 대형 항공사의 경우 대략 70~80% – 으로 알고 있지만 전문대 졸업자 대비 4년제 졸업자 비율 및 토익 문턱 때문에 지원하지 못하는 전문대 졸업생 비율 등을 감안하면 꼭 학사 출신에게 기회가 더 많다고 볼 수도 없다. 실제 전국에 100여 개 승무원 학과 중 70~80여 개가 전문대인 상황만 봐도 그것을 알 수 있다. 승무원이라는 직업은 머리에 든 지식보다 몸에 밴 태도와 자세가 더 중요한 직업이기 때문이다. 다만, 학점은행제 출신의 경우 항공사에 따라 다소 꺼려하는 곳도 있는 것으로 알고 있다.

마지막으로 학점은 그 사람의 성실성을 객관적으로 평가할 수 있는 거의 유일무이한 수단이기 때문에 매우 중요한 사전 준비사항이라고 할 수 있다. 비단 항공사뿐만 아니라 모든 기업이 마찬가지겠지만 불특정 다수의 수많은 학생 중에서 단시간에, 성실한 학생을 가려내야 하는 기업 입장에서는 1차 관문인 서류심사 단계에서 이러한 수치화된 데이터를 자동화해서 아주 손쉽게 면접 기회를 줄 가치가 있는 학생인지 여부를 가려내게 된다. 그러므로 승무원 꿈을 꾸는 학생이라면 3.0 이상은 유지하기를 권한다. 물론 채용 인원과 지원자 비율 등에 따라 커트라인이 다소 차이는 있겠지만 내 꿈을 위한 마지노선은 스스로 챙기는 것이 기본 중의 기본일 것이다.

제 **5** 과

승객 안전
점검

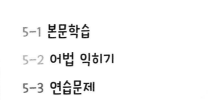

mǎ shàng jiù yào qǐ fēi le (jiàng luò)

马上就要起飞了。(降落)

곧 이륙(착륙)합니다.

qǐng dǎ kāi zhē guāng bǎn

请打开遮光板。

창문덮개를 열어 주십시오.

qǐng jì hǎo ān quán dài

请系好安全带。

안전벨트를 매 주십시오.

qǐng zuò xià

请坐下。

앉아 주십시오.

qǐng shōu qǐ xiǎo zhuō bǎn

请收起小桌板。

테이블을 접어 주십시오.

qǐng shōu qǐ jiǎo tà bǎn

请收起脚踏板。

발 받침을 접어 주십시오.

qǐng lì zhí yǐ bèi

请立直椅背。

등 받침을 세워 주십시오.

qǐng fàng xià zuò yǐ fú shǒu

请放下座椅扶手。

팔걸이를 내려 주십시오.

qǐng tiáo chéng fēi xíng mó shì

请调成飞行模式。

비행모드로 전환해 주십시오.

qǐ fēi hòu cái kě yǐ shǐ yòng xǐ shǒu jiān

起飞后才可以使用洗手间。

화장실은 이륙 후 사용하실 수 있습니다.

fēi jī yí dòng shí bú yào zhàn qǐ lái

飞机移动时不要站起来。

비행기 이동 시 일어나지 마십시오.

tip 기내에서 손님을 부를 때 쓰이는 호칭으로 남자일 경우 영어의 Mr 의미라고 할 수 있는 先生(~씨, 선생님)을 사용하며, 여자일 경우에는 女士(mrs, 여사님) 또는 小姐(miss, ~양, 아가씨)를 사용합니다.

단어학습

马上 mǎ shàng	图 곧, 즉시	直 zhí	图 곧게 하다.
就 jiù	图 곧	椅背 yǐ bèi	图 의자 등받침
起飞 qǐ fēi	图 이륙하다.	放下 fàng xià	图 내려놓다.
降落 jiàng luò	图 착륙하다.	扶手 fú shou	图 팔걸이
要 yào	图 원하다. 요구하다.	调成 tiáo chéng	图 조절하다.
了 le	图 동사나 형용사 뒤에 붙어 완료를 의미	飞行模式 fēi xíng mó shì	图 비행모드
		后 hòu	图 후, 뒤
打开 dǎ kāi	图 열다. 펼치다.	才 cái	图 ~에야 비로소
遮光板 zhē guāng bǎn	图 창 가림막	使用 shǐ yòng	图 사용하다.
系好 jì hǎo	图 (잘) 매다	洗手间 xǐ shǒu jiān	图 화장실
安全带 ān quán dài	图 안전벨트	移动 yí dòng	图 이동하다.
收起 shōu qǐ	图 접다.	时 shí	图 시간, 때
小桌板 xiǎo zhuō bǎn	图 작은 테이블	不要 bú yào	~하지 마라
脚踏板 jiǎo tà bǎn	图 발 받침대	站 zhàn	图 서다.
立 lì	图 세우다.	起来 qǐ lái	图 뒤에 붙어 동작이 위로 향함을 나타냄

5-2 어법 익히기

1. 要~了 yào ~ le

要~了는 '곧~하려고 하다'는 의미로, 要는 서술어 앞에, 了는 문장 끝에 사용하여 어떠한 동작이 곧 발생할 것을 나타냅니다.

就要起飞了。 jiù yào qǐ fēi le	곧 이륙하겠습니다.
就要降落了。 jiù yào jiàng luò le	곧 착륙하겠습니다.

2. 결과보어

결과보어는 동사나 형용사(술어) 뒤에 위치하여 동사가 나타내는 동작의 변화나 결과를 보충하고 설명하는 성분입니다. 결과보어 好는 동사 위에 붙어서 '잘~하다', '잘~마무리 되다.'라는 의미로 동작의 완성을 나타냅니다.

주어 + 동사 + 결과보어(형용사/동사) + 목적어

系	好	安全带。	안전벨트를 잘 매다.
jì	hǎo	ān quán dài	
吃	好	了。	잘(다) 먹었다.
chī	hǎo	le	

3. 방향보어

방향보어는 방향과 관련된 보어로서, 上, 下, 进, 出, 回, 过, 起 등 한 글자로 이루어진 단순방향보어는 동사 뒤에서 방향보어의 단어가 원래 갖고 있던 뜻대로 동작이 진행됨을 나타냅니다.

복합방향보어는 7개의 단순방향보어에 来, 去가 결합된 것으로, 동작진행방향을 나타내는 것 이외에 본래의 의미가 추상적으로 변하거나 다른 의미로 바뀌어 사용되기도 합니다.

收起 shōu qǐ	접다
站起来 zhàn qǐ lái	일어나다

5-3 연습문제

1 주어진 한어병음의 한자와 뜻을 쓰세요.

① qǐ fēi _____

② jiàng luò _____

③ yǐ bèi _____

④ jì hǎo _____

⑤ fēi xíng mó shì _____

⑥ fú shǒu _____

⑦ ān quán dài _____

2 주어진 단어를 배열하여 올바른 문장을 만들어 보세요.

① 移动　不要　时　飞机　站起来

_____

② 才　起飞　可以　后　洗手间　使用

_____

3 밑줄 친 부분을 주어진 말로 바꿔보세요.

① 请打开遮光板。

↓

小桌板

② 请收起小桌板。

↓

脚踏板

4 〈보기〉를 보고 빈 칸에 알맞은 단어를 쓰세요.

보기

放下　　调成　　立直

① 请＿＿＿＿＿＿飞行模式。
　　qǐng tiáo chéng fēi xíng mó shì

② 请＿＿＿＿＿＿椅背。
　　qǐng lì zhí yǐ bèi

③ 请＿＿＿＿＿＿座椅扶手。
　　qǐng fàng xià zuò yǐ fú shǒu

5 다음 문장에 공통으로 들어갈 단어를 쓰세요.

① 马上＿＿＿＿＿起飞 ＿＿＿＿＿。

② 马上＿＿＿＿＿降落 ＿＿＿＿＿。

6 다음과 같은 표현을 중국어로 말해보세요.

1) 안전벨트를 매 주십시오.

→ ＿＿＿＿＿＿＿＿＿＿＿＿＿＿＿＿＿＿＿＿

2) 앉아 주십시오.

→ ＿＿＿＿＿＿＿＿＿＿＿＿＿＿＿＿＿＿＿＿

3) 테이블을 접어 주십시오.

→ ＿＿＿＿＿＿＿＿＿＿＿＿＿＿＿＿＿＿＿＿

4) 등받이를 세워 주십시오.

→ ＿＿＿＿＿＿＿＿＿＿＿＿＿＿＿＿＿＿＿＿

5) 창문덮개를 열어 주십시오.

→ ＿＿＿＿＿＿＿＿＿＿＿＿＿＿＿＿＿＿＿＿

5-4 면접 꿀팁

서류심사
두 번째 관문

'승무원 자격'하면 '외국어'가 떠오를 정도로 승무원에게 중요한 자질 중 하나가 외국어다. 항공사만큼 글로벌한 회사도 없을 것이다. 그와 같은 항공사 내의 여러 직업 중에서도 승무원은 가장 글로벌한 직업이다. 늘 외국인을 상대해야 하고, 때로는 그들을 설득하고, 그들의 문제를 해결해야 하는 것도 승무원이기 때문이다. 외국어가 일정 수준에 이르지 못하면 입사도 안 될뿐더러, 승무원이 되고 나서도 선임승무원, 부사무장, 사무장, 선임사무장 등으로의 승격도 언감생심이다. 서비스 현장에서 기내방송도 후배에게 양보해야 하고, 외국인을 상대할 때 후배에게 의지해야 하는 자존심 상하는 일이 발생할 수 있다.

하지만 다행스럽게도 승무원 서류 심사 시의 토익 커트라인은 그다지 높은 수준은 아니다. 경쟁률과 항공사에 따라 약간의 차이는 있겠지만 550점 전후를 승무원 서류심사 시의 커트라인으로 보고 있다. 그렇다고 이 점수에 안주해서는 안 된다. 이 점수는 단지 커트라인일 뿐이다. 99% 이상이 탈락되는 경쟁 시장에 뛰어드는 사람이 커트라인 정도의 수준으로 도전하는 것은 위험천만한 자세다. 다만, 영어에 자질이 없어 아무리 노력해도 안 된다 하더라도 최소한 이 점수는 확보해야 다음 단계를 기약할 수 있다는 의미다.

간혹 영어는 전혀 안 되지만 제2외국어로 대체할 수 있냐고 질문하는 학생들이 있는데 안 된다. 영어는 기본이다. 제2외국어는 가점 요소일 뿐이다. 그것도 어중간한 점수가 아니고 잘 한다고 인정받을 수 있을 정도의 수준이어야 한다. 그리고 일본어보다는 중국어를 선호한다. 미래의 시장 잠재력 때문이다. 그 외의 특수한 외국어는 채용에 그다지 큰 영향력이 없다. 2~3년간의 승무원 면접 준비 기간에 어디에 자신의 시간과 자원을 집중해야 하는지 주도면밀하게 분석한 후 시작해야 합격 가능성이 높아진다는 것을 명심해야 한다.

제 **6** 과

서류
서비스

qǐng wèn nín yào zhuǎn jī ma

请问, 您要转机吗?

실례하겠습니다. 환승하십니까?

(환승할 경우)

nín bú yòng tián xiě

您不用填写。

작성하실 필요 없습니다.

nín yǒu zhōng guó hù zhào ma

您有中国护照吗?

중국 여권을 가지고 계십니까?

nín yǒu tuán tǐ qiān zhèng ma
您有团体签证吗?

단체 비자 가지고 계십니까?

qǐng tián xiě rù jìng kǎ
请填写入境卡。

입국서류를 작성해 주십시오.

qǐng tián xiě hǎi guān shēn bào dān / jiǎn yì kǎ
请填写海关申报单 / 检疫卡。

세관신고서 / 검역질문서를 작성해 주십시오.

hǎi guān shēn bào dān shì yì jiā yì zhāng
海关申报单是一家一张。

세관신고서는 가족당 한 장입니다.

měi gè rén dōu xū yào tián xiě
每个人都需要填写。

한 분 씩 다 작성하셔야 합니다.

단어학습

问 wèn	통 묻다.	入境卡 rù jìng kǎ	명 입국카드
转机 zhuǎn jī	통 환승하다.	海关申报单	명 세관신고서
不用 bú yòng	통 ~할 필요가 없다.	hǎi guān shēn bào dān	
填写 tián xiě	통 써넣다. 기입하다.	检疫卡 jiǎn yì kǎ	명 검역질문서
有 yǒu	통 가지고 있다.	一家一张 yì jiā yì zhāng	가족 당 한 장
中国 zhōng guó	통 중국	每个人 měi gè rén	사람마다, 한 사람씩
护照 hù zhào	명 여권	都 dōu	부 모두, 다
签证 qiān zhèng	명 비자		

6-2 어법 익히기

1. 要 yào

1) 동사 要는 원하다, 필요하다는 의미로 부정형은 不要를 씁니다.

> 我要水。　　　　물주세요.
> wǒ yào shuǐ

2) 조동사 要는 '~하려고 하다.', '~할 것이다.'는 뜻으로 어떤 일을 하고자 하는 주관적인 의지 또는 염원을 나타냅니다. 부정형은 不想입니다.

> 您要转机吗？　　환승하십니까?
> nín yào zhuǎn jī ma?

3) 조동사 不要는 '~하지 마라, ~해서는 안 된다.'라는 뜻으로 금지를 나타냅니다.

> 不要站起来。　　일어나지 마십시오.
> bú yào zhàn qǐ lái

2. 有 (yǒu) 자문

有는 '~이 있다.', '~을 가지고 있다.' 는 뜻으로 소유나 존재를 나타내며, 有의 부정형은
有 앞에 没를 붙여 没有(méi yǒu)입니다.

일반의문문은 吗를 붙여 나타내며, 긍정과 부정으로 구성된 정반의문문은 물건의 소유
나 존재 유무를 확인할 때 사용할 수 있습니다.

긍정문	주어 + 有 + 목적어.	我有中国护照。 wǒ yǒu zhōng guó hù zhào 나는 중국 여권을 가지고 있습니다.
부정문	주어 + 没有 + 목적어.	我没有中国护照。 wǒ méi yǒu zhōng guó hù zhào 나는 중국 여권을 가지고 있지 않습니다.
일반의문문	주어 + 有 + 목적어 + 吗？	您有中国护照吗？ nín yǒu zhōng guó hù zhào ma? 당신은 중국 여권을 가지고 있습니까?
정반의문문	주어 + 有没有 + 목적어?	您有没有中国护照？ nín yǒu méi yǒu zhōng guó hù zhào? 당신은 중국 여권을 가지고 있습니까, 없습니까?

연습문제

1 주어진 한어병음의 한자와 뜻을 쓰세요.

① zhuǎn jī

② tián xiě

③ hù zhào

④ rù jìng kǎ

⑤ hǎi guān shēn bào dān

⑥ jiǎn yì kǎ

2 주어진 단어를 배열하여 올바른 문장을 만들어 보세요.

① 都　每个人　填写　需要

② 是　海关申报单　一家一张

3 밑줄 친 부분을 주어진 말로 바꿔보세요.

① 您有中国护照吗?

↓

团体签证

_____

② 请填写入境卡。

↓

海关申报单 _____

检疫卡 _____

4 〈보기〉를 보고 빈 칸에 알맞은 단어를 쓰세요.

보기

不用   请问

① _____, 您要转机吗?

qǐng wèn, nín yào zhuǎn jī ma

② 您_____填写。

nín bú yòng tián xiě

5 공통으로 들어갈 단어를 쓰세요.

① 我＿＿＿水。

② 您＿＿＿转机吗？

③ 飞机移动时，请不＿＿＿站起来。

6 다음과 같은 표현을 중국어로 말해보세요.

1) 단체비자를 가지고 계십니까?

➔ ＿＿＿＿＿＿＿＿＿＿＿＿＿＿＿＿＿＿＿＿

2) 입국신고서를 작성해 주십시오.

➔ ＿＿＿＿＿＿＿＿＿＿＿＿＿＿＿＿＿＿＿＿

3) 세관신고서를 작성해 주십시오.

➔ ＿＿＿＿＿＿＿＿＿＿＿＿＿＿＿＿＿＿＿＿

4) 검역질문서를 작성해 주십시오.

➔ ＿＿＿＿＿＿＿＿＿＿＿＿＿＿＿＿＿＿＿＿

5) 세관신고서는 가족당 한 장입니다.

➔ ＿＿＿＿＿＿＿＿＿＿＿＿＿＿＿＿＿＿＿＿

6-4 면접 꿀팁

외모를
안 본다고?

필자 역시 딸을 키우고 있는 아빠로서 슬프고 안타까운 일이지만 승무원 채용 시 외모가 중요하다. 특히 동양에서는 더욱 그렇다. 서양보다 동양의 고객들은 '승무원은 예쁘다'는 고정관념이 강하다. 필자가 아시아나항공에 입사한 후 "아시아나항공 승무원이 더 예뻐요, 대한항공 승무원이 더 예뻐요?"라는 질문 같지 않은 질문을 받은 적이 한두 번이 아니다. 서비스 전문회사인 항공사들은 고객들의 생각과 기대를 예민하게 느낀다. 그 느낌이 승무원 채용 시에도 그대로 반영된다. 면접관은 소속 항공사의 대변인이기 때문이다.

그렇다고 절세미녀를 기대하는 것은 아니다. 절세미녀라면 물론 경쟁력이 높아지겠지만 그렇지 않은 승무원도 무수히 많다. 단아한 얼굴과 밝은 표정, 깨끗한 피부, 균형 잡힌 몸매면 경쟁력이 있다. 다만 지원자가 워낙 많다 보니 그중에 얼굴, 표정, 피부, 균형 등이 상대적으로 좋은 사람을 뽑게 되고, 그 결과 자연스럽게 '승무원은 외모가 중요하다'는 인식을 만들어 내고 있다. 치열한 경쟁을 통해 자신의 꿈을 쟁취해야 하니 어쩔 수 없다. 화장을 잘해서 얼굴을 밝게 꾸미고, 열심히 노력해서 밝은 표정과 바른 자세를 만들어 내야 한다. 피부에 흉터가 심하다면 수술이 필요할 수도 있다.

키는 참 어려운 문제다. 노력으로 보완할 수 있는 문제가 아니기 때문이다. 여러 가지 이유로 모집요강에서는 162cm라는 키 제한이 사라졌다. 하지만 좋은 지원자가 넘치는 상황에서 항공사들이 구태여 기내 선반에 짐을 올리기 힘든 작은 키의 지원자를 뽑을 리가 없다. 지원자 본인이 사장의 입장이 된다 해도 마찬가지일 것이다. 모든 직업에는 그 직업에 맞는 정신적 조건뿐만 아니라 신체적 조건도 있기 마련이다. 그것은 불공정의 문제가 아니다. 국내 항공사의 경우 대략 163~173을 선호한다. 163 이하로 내려가도, 173 이상으로 올라가도 경쟁력이 급속히 떨어진다. 다행히 외국계 항공사에는 158~9의 합격자도 종종 있다고 하니 키가 조금 작다면 외항사를 노려봄직하다.

제 **7** 과

이륙 후
서비스

〈bassinet service〉

wǒ bāng nín ān zhuāng yīng ér yáo lán
我帮您安装婴儿摇篮。

아기바구니를 설치해드리겠습니다.

hái zi zài yīng ér yáo lán shí, bì xū jì hǎo ān quán dài
孩子在婴儿摇篮时, 必须系好安全带。

아기가 아기바구니에 있을 때에는 반드시 안전벨트를 매주십시오.

fēi jī diān bǒ shí, qǐng bào hǎo nín de hái zi
飞机颠簸时, 请抱好您的孩子。

비행기가 흔들릴 시에는 아기를 안아주십시오.

⟨amenity service⟩

nín yào yòng tuō xié ma?

您要用拖鞋吗?

슬리퍼 사용하시겠습니까?

🔄 교체해 보세요

· 耳机　ěr jī　이어폰
· 湿巾　shī jīn　물티슈

zhè shì tuō xié

这是拖鞋。

슬리퍼입니다.

🔄 교체해 보세요

· 耳机　ěr jī　이어폰
· 湿巾　shī jīn　물티슈

zhè shì nín yào de tuō xié

这是您要的拖鞋。

여기 말씀하신 슬리퍼입니다.

🔄 교체해 보세요

· 耳机　ěr jī　이어폰
· 湿巾　shī jīn　물티슈

wǒ gěi nín shī jīn

我给您湿巾。

물티슈 드리겠습니다.

🔄 교체해 보세요

· 拖鞋　tuō xié　슬리퍼
· 耳机　ěr jī　이어폰

tip Baby bassinet은 국제선을 이용하는 신장 76cm 이하, 몸무게 14kg 미만인 생후 7일부터 만 2세 유아를 동반한 승객에게 제공되는 아기요람입니다.

안전을 위해 아기가 baby bassinet에 누워있을 때에는 반드시 baby bassinet에 부착된 안전벨트를 착용하여야 하며 비행기가 흔들릴 때에는 부모가 아이를 안아주어야 합니다. Baby bassinet을 장착 시 담당승무원은 반드시 위와 같은 주의사항을 부모에게 안내해 드려야 합니다.

단어학습

帮 bāng	통 돕다.	抱 bào	통 안다.
安装 ān zhuāng	통 설치하다. 고정시키다.	颠簸 diān bǒ	통 흔들리다. 요동하다.
婴儿摇篮 yīng ér yáo lán	명 아기바구니, baby bassinet	拖鞋 tuō xié	명 슬리퍼
		耳机 ěr jī	명 헤드폰
孩子 hái zi	명 아기	湿巾 shī jīn	명 물티슈

7-2 어법 익히기

1. 要用 yào yòng

사용여부를 물어볼 때 자주 쓰는 표현입니다.

您要用拖鞋吗？	nín yào yòng tuō xié ma?	슬리퍼 사용하시겠습니까?
您要用耳机吗？	nín yào yòng ěr jī ma?	이어폰 사용하시겠습니까?

2. 给 gěi

给는 두 개의 목적어를 가질 수 있는 동사로, '주어＋给＋사람＋사물'로 사용하면 '～에게 ～를 주다.'는 의미를 가집니다.

주어＋给＋사람＋사물

我	给	您	湿巾。	wǒ gěi nín shī jīn	(당신에게) 물수건을 드리겠습니다.
我	给	你	钱。	wǒ gěi nǐ qián	(너에게) 돈을 주다.

1 주어진 한어병음의 한자와 뜻을 쓰세요.

① ān zhuāng _____

② yīng ér yáo lán _____

③ diān bǒ _____

④ tuō xié _____

⑤ ěr jī _____

⑥ shī jīn _____

2 주어진 단어를 배열하여 올바른 문장을 만들어 보세요.

① 安全带　孩子　婴儿摇篮　必须　时　系好　在

_____

② 抱好　颠簸　孩子　时　飞机　请　您的

_____

3 밑줄 친 부분을 주어진 말로 바꾸어 보세요.

① 这是您要的<u>拖鞋</u>。

耳机 _____

湿巾 _____

② 我给您湿巾。

↓

拖鞋 _____

耳机 _____

4 〈보기〉를 보고 빈 칸에 알맞은 단어를 찾아 쓰세요.

보 기

给   安装

① 我帮您_____婴儿摇篮。
　wǒ bāng nín ān zhuāng yīng ér yáo lán

② 我_____您湿巾。
　wǒ gěi nín shī jīn

5 다음 문장에 공통으로 들어갈 단어를 쓰세요.

① 您_____耳机吗？

② 您_____拖鞋吗？

6 다음과 같은 표현을 중국어로 말해 보세요.

1) 아기바구니를 설치해 드리겠습니다.

   →
   _____

2) 비행기가 흔들릴 때에는 아이를 안아 주십시오.

   →
   _____

3) 헤드폰 쓰시겠습니까?

   →
   _____

4) 여기 말씀하신 슬리퍼입니다.

   →
   _____

5) 물수건 드리겠습니다.

   →
   _____

7-4 면접 꿀팁

자기소개서
작성 공식

면접관 시절 승무원채용 파트장에게 우스갯소리를 한 적이 있다.

"~차장, 너 자기소개서 선풍기로 날려서 뽑지?"

그는 손사래를 치며 화들짝 놀라는 표정을 지었다. 물론 그럴 리야 없다. 하지만 생각해 보자. 통상적으로 서류접수 마감일로부터

1주일 후 서류심사 합격자 발표를 하는데 채용 담당자 몇 명이 1만여 명의 지원자가 제출한 2~3만 페이지의 자기소개서를 꼼꼼하게 읽을 수 있을까?

물리적으로 불가능하다. 1주일 내내 밤샘해서 읽는다고 해도 쉽지 않은 일이다. 외항사 승무원에서 시작해 대한항공과 아시아나항공 승무원까지 경험한 후배가 들려준 이야기다. 대한항공 승무원 시절 동기 몇 명이 인사팀으로부터 호출되어 갔더니 채용담당자가 승무원 지원자들의 자기소개서 뭉치를 주면서 그러더란다.

"이중에 '아시아나항공'이라는 단어가 들어간 지원서 다 색출해 내세요!"

그런데 정말 있더라는 것이다. 대한항공 지원서에 '아시아나항공'이라는 단어를 쓴 지원자가 말이다.

자기소개서 준비를 하면서 '무슨 내용을 어떻게 쓸까?'로 가장 스트레스를 많이 받는다. 하지만 사실 내용은 가장 마지막 평가요소다. 지원자 수가 워낙 많다 보니 평가하기 쉬운 항목부터 활용해서 합격자를 거르기 마련이다. 그중 첫 번째는 수치로 표현된 요소들이다. 학점, 토익점수, 키 등에 가중치를 반영한 다음 엑셀로 돌리면 1등에서 꼴등까지

가 몇 초 만에 나온다. 그렇게 해서 1차적으로 걸러낸 다음에도 직감적으로 눈에 들어오는 요소들이 먼저 작용한다. 오탈자, 논리적 모순, 성실성 등 말이다. 내용은 그 다음이다. 그러니 진짜 신경 써야 할 것은 사전에 수치로 자신의 성실성과 역량을 보여줄 수 있는 학업과 외국어 공부를 충실히 준비해 놓는 것이고, 자기소개서를 쓰는 시점에서는 오탈자, 논리성, 진지하고 성실한 표현 등이다. 학생들이 공부 외에는 얼마나 평범하게 자라고 있는지 채용담당자와 면접관들이 너무도 잘 알고 있기 때문에 자소서 내용에서 대단한 인생 역정을 체험한 지원자를 찾는 일은 없으니 말이다.

제 **8** 과

음료
서비스

wǒ men wèi nín zhǔn bèi yǐn liào
我们为您准备饮料。

음료를 준비해드리겠습니다.

qǐng nín dǎ kāi xiǎo zhuō bǎn
请您打开小桌板。

테이블을 열어 주시겠습니까?

wǒ wèi nín dǎ kāi xiǎo zhuō bǎn
我为您打开小桌板。

테이블을 열어드리겠습니다.

wǒmen yǒu kuàng quán shuǐ, guǒ zhī, tàn suān yǐn liào, pí jiǔ

我们有矿泉水, 果汁, 碳酸饮料, 啤酒。

생수, 과일 주스, 탄산음료, 맥주가 준비되어 있습니다.

nín yào hē diǎn shénme yǐn liào?

您要喝点什么饮料?

어떤 음료로 하시겠습니까?

wǒmen yǒu hán guó guó chǎn pí jiǔ hé qīng dǎo pí jiǔ

我们有韩国国产啤酒和青岛啤酒。

한국 국산 맥주와 청도맥주가 있습니다.

nín yào xuǎn nǎ yì zhǒng?

您要选哪一种?

어느 것으로 하시겠습니까?

hǎo de mǎ shàng gěi nín

好的。马上给您。

네, 바로 준비해드리겠습니다.

yǐ jīng dǎ kāi le, qǐng xiǎo xīn

已经打开了, 请小心。

오픈하였으니 주의해주시기 바랍니다.

nín xiǎng zài lái yì bēi ma?

您想再来一杯吗?

한 잔 더 하시겠습니까?

nín hái yào bié de yǐn liào ma?

您还要别的饮料吗?

다른 음료 더 필요하십니까?

단어학습

准备 zhǔn bèi	통 준비하다	哪 nǎ	대 어느, 어떤
饮料 yǐn liào	명 음료	一种 yì zhǒng	명 한가지
打开 dǎ kāi	통 열다	已经 yǐ jīng	부 이미, 벌써
国产 guó chǎn	명. 형 국산, 국산의	一杯 yì bēi	명 한잔
选 xuǎn	통 선택하다	别的 bié de	명 다른 것

8-2 어법 익히기

1. 为 wèi

개사 为는 '~에게, ~을 위하여'의 뜻으로 행위의 대상을 나타냅니다.

> 我们为您准备饮料。 wǒ men wèi nín zhǔn bèi yǐn liào
> 당신을 위하여 음료를 준비해 드리겠습니다.

2. 还 hái

부사 还는 '더, 또'의 의미로 항목이나 수량의 증가나 범위의 확대를 나타냅니다.

> 您还要别的饮料吗？ nín hái yào bié de yǐn liào ma?   다른 음료 더 필요하십니까?

〈음료 용어 정리〉

1. 탄산음료 碳酸饮料 tàn suān yǐn liào

코카콜라	可口可乐	kě kǒu kě lè
펩시콜라	百事可乐	bǎi shì kě lè
스프라이트	雪碧	xuě bì
세븐업	七喜	qī xǐ
다이어트세븐업	低卡路里七喜	dī kǎ lù lǐ qī xǐ
제로콕	建怡可乐	jiàn yí kě lè
진저에일	姜汁汽水	jiāng zhī qì shuǐ
토닉워터	汤力水	tāng lì shuǐ
클럽소다	苏打水	sū dǎ shuǐ

2. 과일주스 果汁 guǒ zhī

오렌지주스	橙汁	chéng zhī
사과주스	苹果汁	píng guǒ zhī
토마토주스	番茄汁	fān qié zhī
파인애플주스	菠萝汁	bō luó zhī
알로에주스	芦荟汁	lú huì zhī

3. 주류 酒类 jiǔ lèi

맥주	啤酒	pí jiǔ
레드와인	红葡萄酒	hóng pú táo jiǔ
	红酒	hóng jiǔ
화이트와인	白葡萄酒	bái pú táo jiǔ
샴페인	香槟	xiāng bīn
위스키	威士忌	wēi shì jì
보드카	伏特加	fú tè jiā
진	金酒	jīn jiǔ
럼	朗姆	lǎng mǔ
칵테일	鸡尾酒	jī wěi jiǔ

4. 물 水 shuǐ

생수	矿泉水	kuàng quán shuǐ
	纯净水	chún jìng shuǐ
따뜻한 물	温水	wēn shuǐ
	开水	kāi shuǐ
뜨거운 물	白开水	bái kāi shuǐ
	热水	rè shuǐ
시원한 물	冰水	bīng shuǐ
	凉水	liáng shuǐ
얼음	冰块	bīng kuài

8-3 연습문제

1 다음 한어병음의 한자와 뜻을 쓰세요.

① zhǔn bèi _____

② yǐn liào _____

③ dǎ kāi _____

④ xuǎn _____

⑤ yǐ jīng _____

⑥ bié de _____

2 주어진 단어를 배열하여 올바른 문장을 만들어보세요.

① 小桌板　为　打开　您　我

_____

② 别的　要　您　饮料　还　吗

_____

3 밑줄 친 부분을 주어진 말로 바꾸어보세요.

① 我们为您准备饮料。

餐食

_____

② 我们有矿泉水，果汁，碳酸饮料，啤酒。

⬇

橙汁，苹果汁，番茄汁，
菠萝汁，芦荟汁

---

4 〈보기〉를 보고 빈 칸에 알맞은 단어를 찾아 쓰세요.

再　　喝　　哪

① 您要＿＿＿＿＿＿＿＿点什么饮料？

nín yào hē diǎn shén me yǐn liào?

② 您要选＿＿＿＿＿＿＿＿一种?

nín yào xuǎn nǎ yì zhǒng?

③ 您想＿＿＿＿＿＿＿＿来一杯吗？

nín xiǎng zài lái yì bēi ma?

---

5 다음 문장에 공통으로 들어갈 단어를 쓰세요.

① 请您＿＿＿＿＿＿小桌板。

② 已经＿＿＿＿＿＿了，请小心。

6 다음과 같은 상황에서 쓸 수 있는 알맞은 중국어 표현을 연습해 보세요.

1) 어떤 맥주가 있는지 물어보시는 경우

→ _____

2) 오픈한 캔음료를 서비스할 때

→ _____

면접답변 공식 =
메시지 + 스토리(악당→영웅→영감) + 잡플랜

지난 과에서 자기소개서에서 내용은 그다지 중요하지 않다는 듯한 이야기를 했지만 그럼에도 진지하고 성실하게 써야 하는 것은 기본이다. 다만, 대다수 학생의 인생 경험이 도긴개긴이기 때문에 무슨 대단한 내용을 찾으려고 헛고생을 하지 말라는 이야기다. 중요한 것은 자신의 경험이나 생각을 대하는 태도와 자세다. 남들은 그냥 지나치는 소소한 일상과 경험에서 자신만의 의미를 추출해 내고, 그것을 자기 성장과 발전의 디딤돌로 적용하고, 그 결과로 얻은 자기 성장의 지혜와 열정을 주변 사람과 나누는 모습이 보이면 꼰대인 면섭관들은 그냥 감동한다. 소확행도 중요하지만 수확성(소소하지만 확실한 성장)도 중요하다는 의미다.

지면 관계상 자세히 설명하기는 어렵지만 ─ 자세한 이론, 방법, 사례는 별도의 단행본으로 집필 중 ─ 오랫동안의 승무원 공채면접관, 그렇게 직접 뽑은 승무원들에게 꿈을 가르쳤던 승무원 꿈멘토, 그리고 꿈에 대한 책을 쓴 꿈작가로서 꿀팁을 드리자면 면접 답

변에도 공식이 있다는 점이다. 바로 '메시지+스토리+잡플랜'이다. 승무원이라는 직업을 위해 자신이 가지고 있는 최고의 역량 또는 경험을 심사숙고해서 한 마디의 메시지로 정의한 후 그것을 먼저 제시한다(두괄식). 그다음 그 메시지를 증명하는 자기만의 스토리를 이야기한다. 마지막으로, 실제 승무원 서비스 현장에서 메시지로 표현된 자신의 역량과 경험을 적용해서, 회사의 성장과 발전에 어떻게 기여하겠다는 계획과 다짐으로 결론을 짓는다.

그 중심에 있는 스토리에도 구조가 있다. '악당+영웅+영감'으로 구성한다. 수천 년 인간의 역사에서 사람들을 감동시킨 스토리의 구조를 극단적으로 단순화하면 악당(고난 또는 갈등)이 출현하고, 영웅이 그 악당을 깨부수고, 그것을 읽거나 본 사람들이 감동 혹은 영감을 잔뜩 받는 구조다. 그러니 내가 어떤 경험을 하는 중 어떤 악당(업무적 문제 또는 사람과의 갈등)이 나타났고, 그 악당을 주인공이자 영웅인 내가 어떤 생각과 행동으로 해결했으며, 그 결과 어떤 깨달음을 얻었다는 것이 스토리의 구조이어야 한다. 이 원칙은 면접관에게 하는 이야기에서 뿐만 아니라 앞 과에서 제시한 자기소개서 작성 시에도 공식처럼 활용하면 좋을 것이다.

wǒ men wèi nín zhǔn bèi cān shí

我们为您准备餐食。

식사를 준비해드리겠습니다.

wǒ men yǒu hán shì bàn fàn hé xī shì niú pái

我们有韩式拌饭和西式牛排。

한식 비빔밥과 양식 소고기 스테이크가 있습니다.

qǐng wèn nín yào xuǎn nǎ yì zhǒng?

请问您要选哪一种?

어느 것으로 하시겠습니까?

(비빔밥을 선택하신 경우)

hǎi dài tāng yǒu diǎnr tàng qǐng nín xiǎo xīn
海带汤有点儿烫。请您小心。

미역국이 뜨겁습니다. 조심하십시오.

nín hái xū yào là jiāo jiàng ma?
您还需要辣椒酱吗？

고추장 더 필요하십니까?

qǐng màn yòng
请慢用。

맛있게 드십시오.

(비빔밥이 소진된 경우)

qǐng nín shāo wēi děng yí xià wǒ qù què rèn yí xià
请您稍微等一下。我去确认一下。

잠시만 기다려주십시오. 확인해 보겠습니다.

zhēn bào qiàn, nín xuǎn de cān shí yǐ jīng méi yǒu le
真抱歉, 您选的餐食已经没有了。

정말 죄송합니다만 선택하신 식사는 이미 서비스가 다 되었습니다.

bú guò niú pái de wèi dao tǐng bú cuò de,
不过牛排的味道挺不错的,

소고기 스테이크도 맛이 좋은데,

nín kě yǐ shì yí xià
您可以试一下。
한번 드셔보시겠습니까?

gǎn xiè nín de liàng jiě
感谢您的谅解。
양해해주셔서 감사합니다.

tí gōng xià yì cān shí wǒ bāng nín yōu xiān xuǎn
提供下一餐时我帮您优先选。
두번째 식사는 먼저 선택하실 수 있도록 도와드리겠습니다.

단어학습

餐食 cān shí	명 음식		没有 méi yǒu	통 없다, 가지고 있지 않다
韩式 hán shì	명 한국식			(소유의부정)
西式 xī shì	명 서양식		不过 bú guò	접 그러나, 그런데
小心 xiǎo xīn	통 조심하다, 주의하다		味道 wèi dao	명 맛
需要 xū yào	통 필요로 하다		不错 bú cuò	형 괜찮다, 좋다
慢 màn	형 느리다		试 shì	통 시험삼아 해보다, 시도하다
稍微 shāo wēi	부 조금, 약간, 다소		谅解 liàng jiě	명 양해, 이해
去 qù	통 가다		提供 tí gōng	통 제공하다
确认 què rèn	통 확인하다		下 xià	명 다음, 나중
真 zhēn	부 참말로, 정말		时 shí	명 시, 때
抱歉 bào qiàn	통 미안하게 생각하다, 미안해 하다		优先 yōu xiān	통 우선하다. 명 우선

9-2 어법 익히기

1. 有点儿 yǒu diǎnr

부사 有点儿은 '조금, 약간'의 뜻으로 뒤에 형용사를 붙여 사용합니다.

有点儿 + 형용사 : 조금 ~(형용사)하다

有点儿累。	yǒu diǎnr lèi	조금 피곤하다.
有点儿不舒服。	yǒu diǎnr bù shū fu	조금 불편하다.
海带汤有点儿烫。	hǎi dài tāng yǒu diǎnr tàng	미역국이 조금 뜨겁습니다.

2. 用 yòng

동사 用은 일반적으로 '쓰다, 사용하다'의 뜻으로 쓰이지만 '먹다, 마시다'의 경어로 쓰이기도 합니다.

用餐	yòng cān	식사를 하다.
用茶	yòng chá	차를 마시다.
用烟	yòng yān	담배를 피우다.
请慢用	qǐng màn yòng	천천히 드십시오. (맛있게 드십시오.)

3. 已经 yǐ jīng

부사 已经은 '이미, 벌써'라는 뜻으로 문장 끝에 결과 보어 了와 함께 쓰여 이미 완료되었음을 나타냅니다.

您选的餐食已经没有了。	nín xuǎn de cān shí yǐ jīng méi yǒu le
선택하신 식사는 이미 서비스가 다 되었습니다.	

4. 挺…的 tǐng…de

부사 挺은 '매우, 아주, 대단히'라는 뜻을 나타내며 '주어＋挺＋형용사＋的'의 구문으로 사용되어 '(주어)는 매우(형용사)합니다.'라고 해석됩니다.

> 不过牛排的味道挺不错的。bú guò niú pái de wèi dao tǐng bú cuò de
> 하지만 소고기 스테이크도 맛이 정말 좋습니다.

〈식사 서비스 단어 학습〉

1. Meal 종류

소고기	牛肉	niú ròu
돼지고기	猪肉	zhū ròu
닭고기	鸡肉	jī ròu
생선	鱼肉	yú ròu
해산물	海鲜	hǎi xiān
소고기스테이크	牛排	niú pái
비빔밥	拌饭	bàn fàn
미역국	海带汤	hǎi dài tāng
죽	粥	zhōu
오믈렛	煎蛋卷	jiān dàn juǎn
과일	水果	shuǐ guǒ
백반	米饭	mǐ fàn
볶음밥	炒饭	chǎo fàn
볶음면	炒面	chǎo miàn
국수	面条	miàn tiáo
빵	面包	miàn bāo

2. Accompaniment 종류 (Sauce)

고추장	辣椒酱	là jiāo jiàng
케찹	番茄酱	fān qié jiàng
간장	酱油	jiàng yóu
참기름	芝麻油	zhī má yóu
소금	盐	yán
후추	胡椒	hú jiāo
버터	黄油	huáng yóu

1. 다음 한어병음의 한자와 뜻을 쓰세요.

① cān shí _____

② xiǎo xīn _____

③ wèi dao _____

④ bú cuò _____

⑤ tí gōng _____

⑥ yōu xiān _____

2. 주어진 단어를 배열하여 올바른 문장을 만들어보세요.

① 没有　您　真　选　餐食　已经　了　抱歉　的

_____

② 优先　时　提供　您　餐　下　我　帮　选　一

_____

3. 밑줄 친 부분을 주어진 말로 바꾸어보세요.

① 我们有<u>韩式拌饭</u>和<u>西式牛排</u>。

    ↓   ↓

    煎蛋卷   粥

_____

_____

② 您还需要<u>辣椒酱</u>吗？

    ↓

    番茄酱

_____

4. 〈보기〉를 보고 빈 칸에 알맞은 단어를 찾아 쓰세요.

보 기

试   真   慢

① 请_____用。
   qǐng màn yòng

② _____抱歉。
   zhēn bào qiàn

③ 您可以_____一下。
   nín kě yǐ shì yí xià

5. 다음 문장에 공통으로 들어갈 단어를 쓰세요.

① 请您稍微等 _____ 。

② 我去确认 _____ 。

6. 다음과 같은 상황에서 쓸 수 있는 알맞은 중국어 표현을 연습해보세요.

1) 뜨거운 미역국을 건네드릴 때

→ _____

2) 양해해주신 손님께 감사의 뜻을 전하는 경우

→ _____

9-4 면접 꿀팁

적자생존
암자필승

승무원 면접 특강이나 개인/그룹 코칭 때 항상 강조하는 이야기 중 하나가 '적자생존, 암자필승'이다. 수많은 자기계발서에 성공의 진리 또는 원리, 원칙으로 등장하는 단어가 '적자생존'이다. 자기 꿈을 적고, 계획을 적고, 지혜를 적고, 감동을 적는 자가 생존한다는 이야기다. 필자 역시 100%로 공감한

다. 하지만 거기에 한 가지를 더하고 싶다. '암자필승'이라는 것이다.

빈사 상태였던 일본항공(JAL)을 화려하게 부활시킨 '경영의 신' 이나모리 가즈오 회장은 자신의 책 '카르마 경영'에서 꿈과 목표를 이루려면 그 '생각이 피처럼 흐르게 하라'고 역설했다. 소설 '연금술사'의 이야기도 마찬가지고, '시크릿'에서 론다 번이 이야기한 '끌어당김의 법칙'도 같은 맥락의 이야기다. '적는다'는 개념의 이면에는 자기가 적은 것을 보고 또 보면서 수시로 음미하고, 그 음미한 것을 행동으로 실천한다는 전제가 깔려 있다. 인간에게 초능력이 있지 않는 한 단지 생각하고 음미만 해서는 아무것도 이루어지지 않는다.

'암자필승'은 행위의 개념이다. 독자가 정말 승무원이라는 꿈을 절실히 원한다면 필자가 앞에서 또 뒤에서 이야기할 내용들을 자기만의 이야기로 적은 다음, 그것을 메모장에 혹은 휴대폰에 가지고 다니면서 암송하고 고치고, 암송하고 고치고를 반복하라는 것이

다. 그 노력이 어느 정도 임계점에 다다르면 자신감이 생기고, 면접관 앞에서도 여유를 가지고 '나만의' 이야기를 할 수 있게 된다. 뿐만 아니라 '승무원은 되지 못하고' 다른 길을 준비하는 경우에도 별다른 준비 없이 면접관 앞에 당당히 설 수 있는 여유가 생길 것이다.

본문학습

xū yào kā fēi ma?

需要咖啡吗?

커피 드시겠습니까?

qǐng bǎ bēi zi fàng zài pán zi shàng

请把杯子放在盘子上。

컵을 쟁반 위에 올려주시겠습니까?

xiǎo xīn tàng nín xū yào táng hé bàn lǚ ma?

小心烫。您需要糖和伴侣吗?

뜨거우니 조심하십시오. 설탕과 크림 필요하십니까?

xū yào hóng chá ma?

需要红茶吗?

홍차 드시겠습니까?

qǐng bǎ bēi zi fàng zài pán zi shàng

请把杯子放在盘子上。

컵을 쟁반 위에 올려주시겠습니까?

xiǎo xīn tàng nín xū yào táng, bàn lǚ huò níng méng piàn ma?

小心烫。您需要糖, 伴侣或柠檬片吗?

뜨거우니 조심하십시오. 설탕, 크림 또는 레몬 필요하십니까?

nín hái yào hē diǎn kā fēi ma?

您还要喝点咖啡吗?

커피 더 드시겠습니까?

nín hái yào hē diǎn hóng chá ma?

您还要喝点红茶吗?

홍차 더 드시겠습니까?

nín hái yào hē diǎn bié de rè yǐn ma?

您还要喝点别的热饮吗?

다른 차 드시겠습니까?

wǒ men yǒu lǜ chá, wū lóng chá, mò lì huā chá, rén shēn chá

我们有绿茶, 乌龙茶, 茉莉花茶, 人参茶。

녹차, 우롱차, 자스민차, 인삼차가 준비되어 있습니다.

hǎo de qǐng shāo děng wǒ mǎ shàng ná gěi nín

好的。请稍等。我马上拿给您。

네, 잠시만 기다려주십시오. 곧 가져다 드리겠습니다.

단어학습

杯子 bēi zi	명 컵	伴侣 bàn lǚ	명 커피프림
盘子 pán zi	명 접시, 트레이	柠檬片 níng méng piàn	명 레몬슬라이스
糖 táng	명 설탕	热饮 rè yǐn	명 따뜻한 음료
和 hé	접 ~와, ~과		

10-2 어법 익히기

1. 需要 xū yào

需要는 동사로 '필요로 하다, 요구되다'라는 뜻을 나타냅니다.

명사나 동사 앞에 쓸 수 있습니다.

명사가 오는경우	需要咖啡吗？　 xū yào kā fēi ma?　 커피 필요하십니까?
동사가 오는 경우	需要换个座位吗？　 xū yào huàn gè zuò wèi ma? 좌석변경을 원하십니까?

2. 把 bǎ

개사 把는 목적어를 동사 앞으로 전치하여 목적어와 동사를 강조합니다.

이를 '把' '자문'이라고 하며 기본 어순은 '주어 + 把 + 목적어 + 동사 + 기타 성분'입니다

> 请把杯子放在盘子上。　 qǐng bǎ bēi zi fàng zài pán zi shàng
> 컵을 쟁반 위에 올려주시겠습니까?

3. 点 diǎn

一点儿 yì diǎnr은 '조금, 약간'이라는 뜻으로 회화에서는 一와 儿을 생략해서 쓰기도 합니다.

> 您还要喝点咖啡吗？　 nín hái yào hē diǎn kā fēi ma?　 커피 더 드시겠습니까?

4. 或 huò

或는 '혹은, 또는'이라는 뜻을 나타냅니다.

> 您需要糖，伴侣或柠檬片吗？　 nín xū yào táng, bàn lǚ huò níng méng piàn ma?
> 설탕, 크림 또는 레몬 필요하십니까?

〈뜨거운 음료 단어 학습〉

1. Coffee 종류

아메리카노	美式咖啡	měi shì kā fēi
카페라떼	咖啡拿铁	kā fēi ná tiě
카푸치노	卡布奇诺	kǎ bù qí nuò
모카라떼	摩卡拿铁	mó kǎ ná tiě
블랙커피	黑咖啡	hēi kā fēi
디카페인 커피	无咖啡因咖啡	wú kā fēi yīn kā fēi

2. Tea 종류

홍차	红茶	hóng chá
녹차	绿茶	lǜ chá
우롱차	乌龙茶	wū lóng chá
인삼차	人参茶	rén shēn chá
자스민차	茉莉花茶	mò lì huā chá
캐모마일	甘菊花茶	gān jú huā chá
루이보스	路易博士茶	lù yì bó shì chá
얼그레이	伯爵红茶	bó jué hóng chá
민트차	薄荷茶	bò he chá
보이차	普洱茶	pǔ ěr chá
국화차	菊花茶	jú huā chá

10-3 연습문제

1. 다음 한어병음의 한자와 뜻을 쓰세요.

① táng

② bàn lǚ

③ níng méng piàn

④ kā fēi

⑤ hóng chá

⑥ lǜ chá

2. 주어진 단어를 배열하여 올바른 문장을 만들어보세요.

① 点　您　要　咖啡　喝　还　吗？

_____

② 给　我　拿　您　马上

_____

3. 밑줄 친 부분을 주어진 말로 바꾸어보세요.

① 需要咖啡吗？

     ↓

绿茶 _____

乌龙茶 _____

② 请把杯子放在盘子上。

    ↓   ↓

行李   行李架内

_____

_____

4. 〈보기〉를 보고 빈 칸에 알맞은 단어를 찾아 쓰세요.

보기

或   点   和

① 您还要喝＿＿＿＿＿红茶吗？
nín hái yào hē　diǎn hóng chá ma?

② 您需要糖＿＿＿＿＿伴侣吗？
nín xū yào táng hé bàn lǚ ma?

③ 您需要糖，伴侣_____柠檬片吗？

nín xū yào táng, bàn lǚ huò níng méng piàn ma?

5. 다음 문장에 공통으로 들어갈 단어를 쓰세요.

① _____咖啡吗？

② _____换个座位吗？

6. 다음과 같은 상황에서 쓸 수 있는 알맞은 중국어 표현을 연습해보세요.

1) 커피를 다 드신 손님께 더 필요하신지 여쭤보기

→ _____

2) 다른 차를 드시기 원하는 경우

→ _____

10-4 면접 꿀팁

자충수 하나면
꿈끝

바둑 용어 중에 '자충수'라는 말이 있다. 사전적 정의에 의하면 '스스로 행한 행동이 결국에 가서는 자신에게 불리한 결과를 가져오게 됨'을 의미한다. 쉬운 표현으로 하면 '자승자박', '자기 발등 찍기' 정도가 될 것이다. 자기 스스로 자기에게 불리한 말이나 행동을 하는 경우를 일컫는 말이다.

승무원 면접관을 하다 보면 자주 경험하는 일이다. 그와 같은 에피소드 하나를 소개하자면 이렇다. 몇 년 전 함께 면접관을 하던 승무원 출신 차장의 첫 질문이 "어렸을 때 자신의 별명이 무엇이었는지, 왜 그런 별명이 생겼는지를 이야기해 주십시오."라는 것이었다. 그 질문에 대해 첫 번째 지원자가 "저의 어렸을 때 별명은 '당나귀'였습니다. 왜냐하면 제 귀가 당나귀 귀처럼 생겼기 때문입니다."라고 대답했다. 물론 뜻밖의 질문에 갑자기 떠오른 생각을 가감 없이 이야기한 것일 뿐이다. 하지만 그 지원자는 그 순간 끝났다. 한 사람의 인생이 달린 일을 그렇게 쉽게 결정해서는 안되지만 면접관 입장에서는 무수히 밀려오는 지원자들 중에서 단 몇 초 만에 채용자를 골라야 하기 때문에 미움에 걸리는 문제가 있으면 바로 감점 혹은 탈락시키고 다음 지원자를 평가할 수밖에 없다. 그 지원자가 나간 후 그 면접관이 했던 이야기가 아직도 귀에 생생하다.

"저 친구는 왜 그런 이야기를 해 가지고…… 10분 내내 그 친구 귀만 쳐다봤잖아요."

범죄자도 자기에게 불리한 자백은 하지 않아도 된다. 심지어 자기에게 불리한 이야기는 하지 않아도 된다고 법에 규정되어 있다. 그런데 수년간 애가 닳도록 바라고 바라던 자기 꿈을 단 몇 초 만에 날려보내서야 얼마나 슬프고 안타까운 일인가. 그래서 '꿈은 학습이 필요하다'는 것이다. 그래서 '적자생존, 암자필승'이라 하는 것이다. 완벽한 학습과 완벽한 준비를 해놓아야만 이런 당황스러운 질문에도 순간적인 자충수를 방지할 수 있고, 내 생각을 정리해서 발표할 수 있기 때문이다.

제 **11** 과

회수

nín chī hǎo le ma?

您吃好了吗?

식사 맛있게 하셨습니까?

nín yòng wán cān le ma?

您用完餐了吗?

식사 다 하셨습니까?

nà wǒ bāng nín shōu yí xià ba

那我帮您收一下吧。

(다 드신 경우) 그럼 제가 치워드리겠습니다.

wǒ kě yǐ bāng nín zhěng lǐ ma?

我可以帮您整理吗?

치워드려도 되겠습니까?

wǒ bāng nín shōu bēi zi

我帮您收杯子。

컵을 치워드리겠습니다.

qǐng nín màn màn yòng cān, děng yí huìr wǒ zài lái zhěng lǐ

请您慢慢用餐, 等一会儿我再来整理。

(덜 드신 경우) 천천히 드십시오. 잠시 후 다시 와서 치워드리겠습니다.

wǒ wèi nín zhǔn bèi cān jīn zhǐ

我为您准备餐巾纸。

냅킨을 준비해드리겠습니다.

wǒ wèi nín zhǔn bèi yá qiān

我为您准备牙签。

이쑤시개를 준비해드리겠습니다.

nín hái xū yào bié de ma?

您还需要别的吗?

더 필요한 것 있으십니까?

rú guǒ nín hái xū yào bié de, qǐng suí shí gēn wǒ shuō

如果您还需要别的，请随时跟我说。

만약 다른 것이 더 필요하시면 언제든지 저에게 말씀해 주십시오.

단어학습

用餐 yòng cān	통 식사를 하다	餐巾纸 cān jīn zhǐ	명 냅킨
完 wán	통 다하다, 끝나다	牙签 yá qiān	명 이쑤시개
那 nà	명 그러면, 그렇다면	随时 suí shí	부 수시로, 언제나
帮 bāng	통 돕다	跟 gēn	개 ~에게, ~를 향하여
收 shōu	통 거두다, 회수하다	说 shuō	통 말하다
整理 zhěng lǐ	통 정리하다		

11-2 어법 익히기

1. 完 wán

'끝내다'라는 뜻의 동사 完은 동사 뒤에 결과 보어로 쓰여 동작의 완성을 나타내기도 합니다.

'동사 + 完'

> 我还没吃完。　　wǒ hái méi chī wán　　아직 다 먹지 못했다.
>
> 我已经吃完了。　wǒ yǐ jing chī wánle　이미 다 먹었다.
>
> 您用完餐了吗？　nín yòng wán cān le ma?　식사 다 하셨습니까?

2. 那 nà

'저', '그'라는 뜻의 지시대명사 那는 문장 맨 앞에 쓰여 접속사로 '그렇다면, 그러면'이라는 뜻을 나타내기도 합니다.

> 那我帮您收一下吧。　그럼 제가 치워드리겠습니다.
>
> nà wǒ bāng nín shōu yí xià ba

3. 一会儿 yí huìr

一会儿은 '잠시, 잠깐'이라는 뜻으로 시간이 매우 짧음을 나타냅니다.

> 请您慢慢用餐，等一会儿我再来整理。　천천히 드십시오 제가 다시 와서 치워드리겠습니다.
>
> qǐng nín màn màn yòng cān,　děng yí huìr wǒ zài lái zhěng lǐ

1. 주어진 한어병음의 한자와 뜻을 쓰세요.

① yòng cān _____

② wán _____

③ bāng _____

④ shōu _____

⑤ zhěng lǐ _____

⑥ shuō _____

2. 주어진 단어를 배열하여 올바른 문장을 만들어보세요.

① 吗　吃　了　好　您

_____

② 还　随时　您　跟　如果　需要　说　请　我　别的，

_____

3. 밑줄 친 부분을 주어진 말로 바꾸어보세요.

① 我为您准备餐巾纸。
↓

耳机 _____

湿巾 _____

② 我帮您收杯子。
↓

婴儿摇篮

_____

4. 〈보기〉를 보고 빈 칸에 알맞은 단어를 찾아 쓰세요.

보 기

还　　完　　那

① _____我帮您收一下吧。

　　nà wǒ bāng nín shōu yí xià ba

② 您用_____餐了吗？

　　nín yòng wán cān le ma?

③ 您_____需要别的吗？

　　nín hái xū yào bié de ma?

5. 다음 문장에 공통으로 들어갈 단어를 쓰세요.

① 那我帮您_____一下吧。

② 我帮您_____杯子。

6. 다음과 같은 상황에서 쓸 수 있는 알맞은 중국어 표현을 연습해보세요.

1) 손님이 식사를 다 하신 경우

→ _____

2) 회수 중 아직 식사를 끝내지 못한 손님이 있을 때

→ _____

11-4 면접 꿀팁

왜 승무원이 되려 하십니까?

박진영이 '집사부일체'라는 프로에 출연해서 했던 이야기 중에 가장 기억에 남는 감동적인 이야기가 있다. "I want to be X"를 추구했더니 그것을 이루고 나서 허망하고 허탈해지더라고 했다. 그래서 지금은 "I want to live for Y"를 추구한다는 것이다. '인생은 위치가 아니라 가치를 추구해야 한다'는

것이다. 박진영은 20억을 벌고 싶다는 꿈을 불과 25살에 이루어 버렸고, 그다음 꿈은 K-POP을 최초로 미국에 진출시키겠다는 것이었지만 무산됐다. 고민 끝에 내린 결론은 자신의 꿈이 잘못됐다는 것이었다. 이루어지면 허무하고 안 이루어지면 슬픈 꿈은 잘못된 꿈이라는 것이다. 그래서 지금은 개인적 성공이 아니라 존경받을 수 있는 가치를 추구하는 꿈을 꾼다고 한다.

승무원 면접을 하면서도 이런 꿈을 자주 접한다. "왜 승무원이 되려 하십니까?"라는 질문에 너무나 평범한 꿈, 개인적인 꿈, 이기적인 꿈을 말하는 학생들이 많다. 하지만 그런 꿈은 아무런 감흥도, 감동도 없다. 다른 경쟁자들과의 차별성이 없다는 말이다. 사실 면접관 자신도 이기적이고, 회사와 사회를 위한 뚜렷한 꿈이 없으면서도 훈수를 두는 입장에서는 그런 꿈을 기대한다. 자신이 못했던 아쉬움을 자신의 자녀와 후배, 젊은이들은 해주었으면 하는 것이다.

그러니 승무원이 되려는 진짜 이유가 좋은 급여와 복지, 여행의 자유, 멋진 직업에 대한 매력일지라도 면접관 앞에서는 소명과 사명을 이야기하고, 이타적이고 가치 있는 목

적을 이야기해야 한다. 그것도 진실과 진정성이 느껴지는 자세와 표정으로 말이다. 욕망은 가장 짧고 이기적인 에너지고, 열정은 중간 정도의 길이와 파장을 가진 에너지라면, 사명감은 가장 길고 이타적인 에너지다. 사람들은 자기는 실천하지 못하면서도 사명감에 감동하기 마련이다. 그것이 인간이 만물의 영장으로 발전해 올 수 있었던 근원적 에너지이기 때문이다.

제 **12** 과

기내 면세품 판매

nín xū yào gòu mǎi miǎn shuì pǐn ma?

您需要购买免税品吗？

면세품 구입하시겠습니까?

qǐng nín cān kàn miǎn shuì pǐn zhǐ nán

请您参看免税品指南。

면세품 안내 책자를 참고해주십시오.

qǐng nín tián xiě miǎn shuì pǐn shēn qǐng dān

请您填写免税品申请单。

면세품 신청서를 작성해주십시오.

qǐng zài zhè lǐ tián xiě nín de zuò wèi hào mǎ, xìng míng, shāng pǐn hào mǎ hé
shù liàng

请在这里填写您的座位号码, 姓名, 商品号码和数量。

여기에 좌석번호, 성함, 상품번호, 수량을 기입해주십시오.

nín zěn me fù kuǎn?

您怎么付款？

어떻게 지불하시겠습니까?

nín yào fù xiàn jīn hái shì shuā kǎ?

您要付现金还是刷卡？

현금으로 하시겠습니까? 카드로 지불하시겠습니까?

wǒ men jiē shòu rì yuán, hán bì, měi yuán, ōu yuán, rén mín bì

我们接受日元, 韩币, 美元, 欧元, 人民币。

JPN, KRW, USD, EUR, RMB로 결제하실 수 있습니다.

wǒ men bù jiē shòu gǎng bì

我们不接受港币。

홍콩달러는 받지 않습니다.

zhēn bào qiàn, nín yào de shāng pǐn yǐ jīng mài wán le

真抱歉, 您要的商品已经卖完了。

죄송합니다만 주문하신 상품은 모두 판매되었습니다.

nín hái xū yào bié de shāng pǐn ma?

您还需要别的商品吗？

다른 상품이 더 필요하십니까?

qǐng nín què rèn shāng pǐn

请您确认商品。

상품을 확인해주십시오.

zhè shì nín de shōu jù hé líng qián, qǐng què rèn yí xià

这是您的收据和零钱, 请确认一下。

영수증과 거스름돈입니다. 확인해주십시오.

단어학습

免税品 miǎn shuì pǐn	명 면세품	付款 fù kuǎn	동 돈을지불하다, 결제하다
购买 gòu mǎi	동 구매하다	现金 xiàn jīn	명 현금
参看 cān kàn	동 참고로 하다, 참조하다	还是 hái shì	접 또는, 아니면(의문문에 쓰여 선택을 나타냄)
指南 zhǐ nán	명 지침서, 안내서		
申请单 shēn qǐng dān	명 신청서	刷卡 shuā kǎ	동 카드로 결제하다
座位号码 zuò wèi hào mǎ	명 좌석번호	接受 jiē shòu	동 받다, 받아들이다
姓名 xìng míng	명 성함, 이름	卖 mài	동 팔다
商品 shāng pǐn	명 상품	收据 shōu jù	명 영수증
数量 shù liàng	명 수량	零钱 líng qián	명 잔돈
怎么 zěn me	대 어떻게, 어떤		

12-2 어법 익히기

〈Duty Free Sales 단어학습〉

1. 세계 각국의 화폐

대한민국	원(KRW)	韩币	hán bì
중국	위안(CNY)	人民币	rén mín bì
미국	달러(USD)	美元	měi yuán
일본	엔(JPY)	日元	rì yuán
유럽	유로(EUR)	欧元	ōu yuán
영국	파운드(GBP)	英镑	yīng bàng
홍콩	달러(HKD)	港币	gǎng bì
대만	달러(TWD)	新台币	xīn tái bì
싱가포르	달러(SGD)	新加坡元	xīn jiā pō yuán
호주	달러(AUD)	澳元	ào yuán

2. 숫자 읽기

0	1	2	3	4	5	6	7	8	9	10
零	一	二	三	四	五	六	七	八	九	十
líng	yī	èr	sān	sì	wǔ	lìu	qī	bā	jiǔ	shí

100	1000	10000
一百	一千	一万
yì bǎi	yì qiān	yí wàn
111	1111	11111
一百一十一	一千一百一十一	一万一千一百一十一
yì bǎi yì shí yī	yì qiān yì bǎi yì shí yī	yí wàn yì qiān yì bǎi yì shí yī

105	150	1005	1050
一百零五	一百五（十）	一千零五	一千零五十
yì bǎi líng wǔ	yì bǎi wǔ(shí)	yì qiān líng wǔ	yì qiān líng wǔ shí
1500	10005	10500	15000
一千五（百）	一万零五	一万零五百	一万五（千）
yì qiān wǔ (bǎi)	yí wàn líng wǔ	yí wàn líng wǔ bǎi	yí wàn wǔ (qiān)

12	20	200	2000	20000
十二	二十	二百	二千	二万
shí'èr	èr shí	èr bǎi	èr qiān	èr wàn
		两百	两千	两万
		liǎng bǎi	liǎng qiān	liǎng wàn

202	2020	20220
二百零二	二千零二十	二万零二百二十
èr bǎi líng èr	èr qiān líng èr shí	èr wàn líng èr bǎi èr shí
两百零二	两千零二十	两万零两百二十
liǎng bǎi líng èr	liǎng qiān líng èr shí	liǎng wàn líng liǎng bǎi èr shí

12-3 연습문제

1. 다음 한어병음의 한자와 뜻을 쓰세요.

① shēn qǐng dān _____

② xiàn jīn _____

③ shuā kǎ _____

④ mài _____

⑤ shōu jù _____

⑥ líng qián _____

2. 주어진 단어를 배열하여 올바른 문장을 만들어보세요.

① 别的　您　商品　需要　吗　还

② 的　收据　是　和　您　零钱　这

3. 밑줄 친 부분을 주어진 말로 바꾸어보세요.

① 请您填写<u>免税品申请单</u>。

↓

入境卡

_____

② 您要付<u>现金</u>还是<u>刷卡</u>？

↓ ↓

韩币 人民币

_____

_____

4. 〈보기〉를 보고 빈 칸에 알맞은 단어를 찾아 쓰세요.

보 기

接受 填写 怎么

① 我们不_____港币。

wǒ men bù jiē shòu gǎng bì

② 您_____付款？

nín zěn me fù kuǎn?

③ 请在这里＿＿＿＿＿＿＿您的座位号吗，姓名，商品号码和数量。

qǐng zài zhè lǐ tián xiě nín de zuò wèi hào mǎ, xìng míng, shāng pǐn hào

mǎ hé shù liàng

5. 다음 문장에 공통으로 들어갈 단어를 쓰세요.

① 您需要购买＿＿＿＿＿＿吗？

② 请您参看＿＿＿＿＿＿指南。

6. 다음과 같은 상황에서 쓸 수 있는 알맞은 중국어 표현을 연습해 보세요.

1) 주문하신 상품이 품절되었을 경우

→ ＿＿＿＿＿＿＿＿＿＿＿＿＿＿＿＿＿＿＿＿＿＿＿＿＿

2) 면세품 신청서 작성을 도와드릴 때

→ ＿＿＿＿＿＿＿＿＿＿＿＿＿＿＿＿＿＿＿＿＿＿＿＿＿

12-4 면접 꿀팁

승무원 이후의 꿈은 무엇입니까?

이 질문에 대해서도 개인적 바램이나 평범한 계획을 대답하는 경우가 많다. "현모양처가 되고 싶습니다." 꽝이다. 너무나 평범하고 개인적이다. 면접관들이 그런 개인사에 왜 관심을 가져야 할까? 혹은 "많은 나라, 많은 사람들과의 만남을 통해 멋진 승무원이 되고 싶습니다". 괜찮긴 하지만 감동은 없다. 그 정도는 누구나 생각하는 일이고 승무원이 되면 크게 노력하지 않아도 가능한 일이다.

또 한 가지 위험한 발언은 승무원 경력을 잘 쌓아서 훌륭한 서비스 강사로 독립하고 싶다거나, 승무원 학과 교수가 되겠다거나 하는 속내를 이야기하는 것이다. 솔직해도 너무 솔직한 사람이고, 몰라도 너무 모르는 사람이다. 우리나라 조직은 아직도 유교적이다. 들어오면서부터 나갈 준비를 하겠다는 사람을 반길 사람은 아무도 없다. 설사 면접관 본인이 속으로 그런 생각을 하고 있다 하더라도 신입 직원을 뽑을 때 그럴 계획이라고 이야기하는 사람은 절대 뽑지 않는다.

좀 더 이타적이고 가치 있고 조직이나 회사, 사회를 위한 꿈과 목표를 설정해 두자. 면접실에서 갑작스런 질문에 그렇고 그런 대답을 늘어놓는 것은 자기 꿈에 대한 준비가 덜된 사람이다. 인생에서의 꿈은 한 번으로 끝나지 않는다. 꿈 너머 꿈이 이어지고 더해져서 세상에 도움이 되는 존재가 되는 것이 바람직한 삶이다. 면접관들이 내 부모, 삼촌,

이모가 아니기 때문에 나의 개인사에는 관심이 없다. 내가 지원하는 회사에 혹은 그 회사의 동료들에게 혹은 그 회사의 고객들에게 혹은 우리가 속한 사회에 의미 있고 가치 있는 존재가 되겠다는 꿈과 목표와 다짐이 면접관들의 가슴을 움직이게 한다.

제 **13** 과

착륙

착륙 전 서비스 / Safety Check

zhè shì ér tóng jī jīn huì de mù juān
这是儿童基金会的募捐。

유니세프 모금운동을 하고 있습니다.

mù juān dài zài nín de zuò yǐ qián kǒu dài lǐ
募捐袋在您的座椅前口袋里。

모금 봉투는 좌석 앞 주머니에 있습니다.

wèi le ān quán xià jiàng, wǒ wèi nín shōu qǐ yīng ér yáo lán
为了安全下降, 我为您收起婴儿摇篮。

안전한 착륙을 위해 아기 요람을 치워드리겠습니다.

fēi jī mǎ shàng yào jiàng luò le
飞机马上要降落了。

비행기가 곧 착륙합니다.

qǐng huí dào zuò wèi shàng zuò hǎo, jì hǎo ān quán dài
请回到座位上坐好，系好安全带。

좌석으로 돌아가셔서 안전벨트를 매 주십시오.

fēi jī yǐ jīng kāi shǐ xià jiàng, wèi shēng jiān tíng zhǐ shǐ yòng
飞机已经开始下降，卫生间停止使用。

비행기가 이미 하강 중입니다. 화장실 사용이 중지되었습니다.

Taxing 중 안전-착륙 직후 일어나는 승객 제지

qǐng xiān zuò hǎo, fēi jī hái zài huá xíng
请先坐好，飞机还在滑行。

앉아주십시오. 비행기가 아직 이동 중에 있습니다.

qǐng bú yào dǎ kāi xíng li jià rú guǒ dǎ kāi xíng li jià de huà, xíng li huì huá luò
请不要打开行李架。如果打开行李架的话，行李会滑落。

선반을 열지 마십시오. 선반을 여시면 짐이 떨어질 수 있습니다.

zhí dào fēi jī wán quán tíng wěn, qǐng shāo wēi děng yí xià
直到飞机完全停稳，请稍微等一下。

비행기가 완전히 멈출 때까지 잠시만 기다려 주십시오.

단어학습

儿童基金会 ér tóng jī jīn huì　⒠ 유니세프

募捐 mù juān　⒠ 모금

募捐袋 mù juān dài　⒠ 모금 봉투

座椅 zuò yǐ　⒠ 좌석, 의자

口袋 kǒu dài　⒠ 주머니

下降 xià jiàng　⒟ 하강하다

收起 shōu qǐ　⒟ 거두다

卫生间 wèi shēng jiān　⒠ 화장실

停止 tíng zhǐ　⒟ 정지하다

使用 shǐ yòng　⒟ 사용하다

滑行 huá xíng　⒟ 활주하다, 미끄러져 나가다

不要 bú yào　⒠ ~하지 마라

滑落 huá luò　⒟ 미끄러져 떨어지다

直到 zhí dào　⒠ ~에 이르다

停稳 tíng wěn　⒟ 완전히 멈추다,
　　　　　　　　멈추어 움직이지 않다

1. 还 hái

부사 还는 '더, 또'의 의미 외에 '아직도, 여전히'라는 뜻으로 동작이나 상태가 지속됨을 나타내기도 합니다.

> 他们还没到。
> tā men hái méi dào
> 그들은 아직 도착하지 않았다.
>
> 我还没吃完。
> wǒ hái méi chī wán
> 나는 아직 다 먹지 않았다.
>
> 请先坐好，飞机还在滑行。
> qǐng xiān zuò hǎo, fēi jī hái zài huá xíng
> 앉아주십시오. 비행기가 아직 이동 중에 있습니다.

2. 如果…的话 rú guǒ…de huà

如果는 '만약, 만일'이라는 뜻으로 가정을 나타내는 접속사이며 뒤에 的话를 덧붙여 표현하기도 합니다.

> 如果打开行李架的话，行李会滑落。
> rú guǒ dǎ kāi xíng li jià de huà, xíng li huì huá luò
> 선반을 여시면 짐이 떨어질 수 있습니다.

1 다음 한어병음의 한자와 뜻을 쓰세요.

① kǒu dài _____

② xià jiàng _____

③ tíng zhǐ _____

④ shǐ yòng _____

⑤ huá xíng _____

⑥ tíng wěn _____

2 주어진 단어를 배열하여 올바른 문장을 만들어보세요.

① 您　安全　我　收起　为了　婴儿摇篮　为　下降，

_____

② 飞机　在　坐　先　还　请　滑行　好，

_____

3 밑줄 친 부분을 주어진 말로 바꾸어보세요.

① 募捐袋在您的座椅前口袋里。

↓

免税品申请单

② 飞机马上要降落了。

↓

起飞

4 〈보기〉를 보고 빈 칸에 알맞은 단어를 찾아 쓰세요.

보기

不要   使用   如果

① 飞机已经开始下降，卫生间停止＿＿＿＿＿＿＿＿＿。
fēi jī yǐ jīng kāi shǐ xià jiàng, wèi shēng jiān tíng zhǐ shǐ yòng

② 请＿＿＿＿＿＿＿＿＿打开行李架。
qǐng bú yào dǎ kāi xíng li jià

③ ＿＿＿＿＿＿＿＿＿打开行李架的话，行李会滑落。
rú guǒ dǎ kāi xíng li jià de huà, xíng li huì huá luò

5 다음 문장에 공통으로 들어갈 단어를 쓰세요.

① 请回_____座位上坐好，系好安全带。

② 直_____飞机完全停稳，请稍微等一下。

6 다음과 같은 상황에서 쓸 수 있는 알맞은 중국어 표현을 연습해보세요.

1) 착륙 직전 화장실을 사용하려는 손님에게

→ _____

2) 착륙 직후 활주로 이동 중 좌석에서 일어나는 손님에게

→ _____

13-4 면접 꿀팁

합격의 지름길 '황문현답'

면접관들이 간혹 황당한 질문을 하는 것은 지원자들을 괴롭히려고 그러는 것이 아니다. 세상에는 참 다양한 사람들이 존재한다. 그것도 꽤 많은 돈을 내고, 비행기라는 제일 고급 교통수단을 이용하는 사람들은 평소보다 어깨에 힘이 많이 들어가 있다. 뿐만 아니라 우리와는 문화와 가치관, 사고방식이 전혀 다른 외국인들도 상대해야 한다. 있어서는 안 될 일이지만 간간이 항공기 사고 소식도 들려온다.

평화 시에는 탁월한 역량이 잘 드러나지 않는다. 별문제가 없는 상황에서는 보통 수준으로만 대처해도 별 탈 없이 서비스가 진행되기 때문이다. 하지만 별문제가 아닌 일로 고래고래 소란을 피우는 손님, 예기치 않았던 항공기 지연, 태평양 상공에서의 갑작스런 위급환자 발생 그리고 드물지만 항공기 사고까지. 오랜 기간 비행을 하면서 이런저런 사건사고를 피해갈 수 있는 승무원은 한 명도 없다.

면접관의 가장 중요한 임무 중 하나는 '예기치 않은 상황'에 대처할 수 있는 인재를 뽑는 일이다. 그것도 짧게는 수십 초, 길어봤자 수분 안에 말이다. 그래서 황당한 질문을 던진 다음 지원자의 즉각적인 대처 능력을 평가하는 것이다. 우문현답을 원하는 것이 아니라 황문현답을 원한다. 모 대학교 승무원 학과 입시면접관을 함께 했던 전직 승무원이 평범한 자기가 어떻게 승무원이 됐는지 이야기하는 것을 들은 적이 있다. 면접관이

갑자기 "승객이 키스를 해 달라고 하면 어떻게 하시겠습니까?"라고 묻더란다. 그녀는 즉각 "키스를 해 드리겠습니다. 다만, 그 승객이 어린아이였으면 좋겠습니다."라고 대답했다는 것이다. 그렇게 긴장된 상황에서 어떻게 그런 대답을 그렇게 반사적으로 할 수 있었는지, 대답하던 자신도 속으로 깜짝 놀랐단다. 하지만 그 대답이야말로 부족한 자신을 승무원으로 만들어준 '신의 한수'였다. 황문현답을 미리 연습하는 것은 쉽지 않은 일이지만 앞에서 제시한 '적자생존 암자필승'으로 자신감을 키우는 것, 그리고 다양한 황당 질문들 사례를 연구 분석해서 반사신경을 키워가는 것이 유일한 대안이 아닐까!

제 **14** 과

환송 인사 &
승객 하기

환송 인사

xiè xie, zài jiàn

谢谢, 再见！

감사합니다. 안녕히 가십시오.

xī wàng zài cì jiàn dào nín

希望再次见到您！

다음에 또 뵙길 바랍니다.

qǐng màn zǒu, zhù yì ān quán

请慢走, 注意安全！

안전에 주의하여 조심히 가십시오.

zhù nín lǚ tú yú kuài

祝您旅途愉快！

즐거운 여행 되시기 바랍니다.

승객 하기(下机)

qǐng nín dài hǎo suí shēn xié dài de wù pǐn

请您带好随身携带的物品。

휴대 물품을 잘 챙기시기 바랍니다.

qǐng nín xiǎo xīn tái jiē

请您小心台阶。

계단 조심하십시오.

wǒ men jiāng yòng jī chǎng bǎi dù chē sòng nín dào hòu jī lóu

我们将用机场摆渡车送您到候机楼。

버스로 공항청사까지 모시겠습니다.

nín kě yǐ qù hòu jī lóu de zhōng zhuǎn guì tái bàn lǐ shǒu xù

您可以去候机楼的中转柜台办理手续。

공항청사 환승 카운터에서 수속하시면 됩니다.

xià jī hòu dì miàn gōng zuò rén yuán huì bāng zhù nín de

下机后地面工作人员会帮助您的。

비행기에서 내리시면 지상 직원이 도와드릴 겁니다.

단어학습

希望 xī wàng　　　통 바라다

再次 zài cì　　　부 재차, 거듭

见到 jiàn dào　　　통 만나다

注意 zhù yì　　　통 주의하다, 조심하다

随身携带 suí shēn xié dài　　통 휴대하다

台阶 tái jiē　　　명 층계, 계단

机场摆渡车　　　명 공항 셔틀
jī chǎng bǎi dù chē

送 sòng　　　통 보내다, 배웅하다

候机楼 hòu jī lóu　　　명 공항 여객 터미널

中转 zhōng zhuǎn　　　통 갈아타다, 환승하다

柜台 guì tái　　　명 카운터

办理 bàn lǐ　　　통 처리하다

手续 shǒu xù　　　명 수속

地面工作人员　　　명 지상 직원
dì miàn gōng zuò rén yuán

帮助 bāng zhù　　　통 돕다

14-2 어법 익히기

1. 将 jiāng

부사 将은 '~하게 될 것이다. ~일 것이다.'의 뜻으로 미래에 대한 판단을 나타내며 '장차, 곧, 막'의 뜻도 있습니다.

> 我们将用机场摆渡车送您到候机楼。
> wǒ men jiāng yòng jī chǎng bǎi dù chē sòng nín dào hòu jī lóu
> 버스로 공항 청사까지 모시겠습니다.

2. 会 huì

조동사 会는 '할 수 있다'는 뜻과 '~할 것이다'는 판단이나 추측의 뜻을 가지고 있습니다.

(1) (배워서)~를 할 수 있다.

　이해하거나 능력이 있어서 어떤 일을 하는 것을 나타냅니다.

　我会开车。 wǒ huì kāi chē

　나는 운전을 할 수 있다.

(2) (판단이나 추측)~할 것이다. ~할 가능성이 있다. 실현 가능성이 있음을 나타냅니다.

　明天会更好。 míng tiān huì gèng hǎo

　내일은 더욱 좋을 것이다.

> 下机后地面工作人员会帮助你的。
> xià jī hòu dì miàn gōng zuò rén yuán huì bāng
> 비행기에서 내리시면 지상 직원이 도와드릴 겁니다.

3. 走와 去의 차이

走와 去 모두 '가다'라는 뜻이지만 쓰임에는 차이가 있습니다.

(1) 走 zǒu

현재의 장소를 떠나는 의미로 뒤에 목적어가 오지 않습니다.

请慢走。 qǐng màn zǒu

안녕히 가십시오.

(2) 去 qù

특정 목적지나 방향을 향해 가는 것을 뜻하므로 뒤에 장소나 행위가 따라 나옵니다.

明天我们去游乐场玩吧。 míng tiān wǒ men qù yóu lè chǎng wán ba

우리는 내일 놀이터에 가서 놀자.

14-3 연습문제

1 다음 한어병음의 한자와 뜻을 쓰세요.

① xī wàng   _____

② jiàn dào   _____

③ tái jiē   _____

④ sòng   _____

⑤ zhōng zhuǎn   _____

⑥ guì tái   _____

2 주어진 단어를 배열하여 올바른 문장을 만들어보세요.

① 机场摆渡车　将　我们　到　送　您　候机楼　用

_____

② 地面工作人员　您　下机　的　会　后　帮助

_____

3. 밑줄 친 부분을 주어진 말로 바꾸어보세요.

① 请慢走。

↓

用

_____

② 请您带好随身携带的物品。

↓

行李

_____

4 〈보기〉를 보고 빈 칸에 알맞은 단어를 찾아 쓰세요.

보 기

再次　　会　　将

① 下机后地面工作人员＿＿＿＿＿＿帮助您的。
xià jī hòu dì miàn gōng zuò rén yuán huì bāng zhù nín de

② 我们＿＿＿＿＿用机场摆渡车送您到候机楼。
wǒ men jiāng yòng jī chǎng bǎi dù chē sòng nín dào hòu jī lóu

③ 希望＿＿＿＿＿＿见到您！
xī wàng zài cì jiàn dào nín

5 다음 문장에 공통으로 들어갈 단어를 쓰세요.

① 我们将用机场摆渡车送您到_____。

② 您可以去_____的中转柜台办理手续。

6 다음과 같은 상황에서 쓸 수 있는 알맞은 중국어 표현을 연습해보세요.

1) 다양한 환송 인사 표현

→ _____

→ _____

→ _____

2) 공항청사까지 버스로 이동해야 하는 경우

→ _____

14-4 면접 꿀팁

기한설정
무한도전

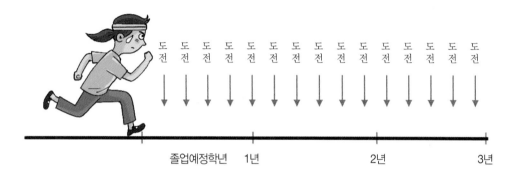

도전 도전 도전 도전 도전 도전 도전 도전 도전 도전 도전 도전 도전 도전 도전

졸업예정학년　1년　　　　　　　2년　　　　　3년

　　면접관이기에 앞서 Dream Maestro 사명을 실천하고 있는 꿈 전문가로서 해주고 싶은 이야기가 '기한설정 무한도전'이다. 자주 받는 질문 중 하나가 승무원은 몇 살까지 지원이 가능한가에 대한 질문이다. 공식적인 연령 제한은 없다. 30살에 승무원이 되었다는 이야기도 들은 적이 있다. 하지만 상식적으로 생각해 보자. 위계서열이 뚜렷하고, 선후배가 밀접하게 협업을 해야 하는 승무원 조직에서 나이 많은 신입보다는 이왕이면 젊고 어린 신입을 선호하지 않겠는가? 그것도 매년 지원자가 넘치는 상황에서 말이다. 그런 만큼 반드시 기한을 설정해야 한다. 나이가 들어갈수록 경쟁력이 떨어지기 때문이다.

　　한편, 모 대학 승무원 학과 졸업반 학생들에게 '항공서비스 경영론'을 강의하고 있을 때 제자들이 승무원 입사 지원을 띄엄띄엄하길래 크게 나무란 적이 있다. 바늘구멍을 통과해야 하는 승무원 꿈을 꾸면서 기회가 닿는 대로 찔러보지도 않고 그 꿈이 이루어지기를 바라고 있었기 때문이다. 사회에서는 이론보다 실전이 훨씬 중요하다. 모의훈련도 중요하지만 제일 좋은 것은 항공사 지원용 자기소개서를 써보고, 항공사 면접관에게 실제 면접을 당해 보는 것만큼 좋은 연습이 없다. 승무원이 되고 싶다면 승무원이 되기 위해 물불을 가려서는 안 된다. 대형항공사, 소형항공사, 외국항공사 가릴 것 없이 모집할 때

마다 무한도전을 해야 한다. 그래야 내 역량은 향상되고 긴장감은 줄어들기 때문에 합격될 확률이 높아진다. 그리고 무엇보다 최선을 다했기 때문에 내가 설정한 기한이 되었을 때 미련 없이 돌아설 수 있다.

　필자가 생각하는 기한은 짧게는 졸업 후 1년 길게는 졸업 후 2년까지다. 기간으로 계산하면 승무원 입사 지원이 가능한 졸업반 +1/2년이기 때문에 2년 또는 3년을 '승무원이라는 꿈'에 투자하라는 것이다. 설혹 내 꿈이 실현되지 않는다 해도 젊어서 2~3년 정도는 내가 선택한 꿈을 위해 사용해도 된다. 다만 그 기간을 진심으로, 정성을 다해 도전한다면 말이다. 2~3년 동안, 매년 10회 이상 도전할 수 있다. 그렇게 해서 2~3년 동안 20~30회를 도전 - 무한도전 - 했는데도 되지 않는다면 그 길은 내 길이 아닌 것이다. 그때는 가차 없이 다른 길로 가라. 그리고 그 길에서 다시 한번 승무원 꿈을 위해 불태웠던 열정을 불태워 성공해라. 그것이 내 꿈과 내 인생에 대한 예의다.

기타 유용한 표현

wǒ wèi nín jiào zhōng guó chéng wù yuán
我为您叫中国乘务员。

중국인 승무원을 불러드리겠습니다.

qǐng zài shuō yí biàn
请再说一遍。

다시 한 번 말씀해주십시오.

zhēn bào qiàn, gěi nín tiān má fan le
真抱歉, 给您添麻烦了。

불편을 끼쳐드려 대단히 죄송합니다.

wèi shēng jiān zài kè cāng qián miàn / hòu miàn

卫生间在客舱前面 / 后面。

화장실은 객실 앞쪽 / 뒤쪽에 있습니다.

wǒ wèi nín zhǔn bèi máo tǎn hé zhěn tóu

我为您准备毛毯和枕头。

담요와 베개를 준비해 드리겠습니다.

wǒ wèi nín huàn yí gè xīn de ěr jī

我为您换一个新的耳机。

헤드폰을 바꿔드리겠습니다.

wǒ wèi nín chóng qǐ zhè gè píng mù

我为您重启这个屏幕。

모니터를 리셋해 드리겠습니다.

wǒ wèi nín dǎ kāi yuè dú dēng

我为您打开阅读灯。

독서등을 켜 드리겠습니다.

단어학습

再 zài	퇴 재차, 또	换 huàn	퇴 교환하다, 바꾸다
添 tiān	퇴 보태다, 더하다	新 xīn	휑 새로운
麻烦 má fan	휑,퇴 귀찮다, 번거롭다, 귀찮게 하다	重启 chóng qǐ	명,퇴 리부팅, 재시동, 다시 시작하다
客舱 kè cāng	명 (배나 비행기의) 객실	屏幕 píng mù	명 (모니터의) 스크린
毛毯 máo tǎn	명 담요	阅读灯 yuè dú dēng	명 독서등
枕头 zhěn tóu	명 베개		

15-2 어법 익히기

1. 양사(量词)

사람이나 사물, 동작의 횟수를 세는 것을 양사라고 합니다.

중국어의 양사의 종류는 매우 다양하며 일상생활에서 자주 사용됩니다.

양사의 기본 형태는 '수사 + 양사 + 명사'입니다.

〈기내에서 활용할 수 있는 양사〉

个 gè	개 (모든 사물에 사용)	我为您换一个新的耳机。 wǒ wèi nín huàn yí gè xīn de ěr jī 새 헤드폰을 한 개 드리겠습니다
遍 biàn	번 (횟수를 세는 단위)	请再说一遍。 qǐng zài shuō yí biàn 다시 한 번 말씀해주십시오.
杯 bēi	잔, 컵	您想再来一杯吗？ nín xiǎng zài lái yì bēi ma? 한 잔 더 원하십니까?
顿 dùn	끼 (식사를 세는 단위)	我们为您准备了两顿餐食。 wǒ men wèi nín zhǔn bèi le liǎng dùncān shí 두 번의 식사를 준비해드리겠습니다.
份 fèn	권, 부, 세트 (배합하여 한 벌이 되는 것을 세는 단위)	我为您准备一份报纸。 wǒ wèi nín zhǔn bèi yí fèn bào zhǐ 신문 한 부를 갖다 드리겠습니다. 我给您一份套餐。 wǒ gěi nín yí fèn tào cān 세트 메뉴 일인 분을 갖다 드리겠습니다.
件 jiàn	개, 벌, 건 (사물, 옷, 사건을 세는 단위)	我有两件行李。 wǒ yǒu liǎng jiàn xíng li 저는 짐 두 개가 있습니다. 这件外套是王女士的。 zhè jiàn wài tào shì wáng nǚ shì de 이 외투는 왕여사님의 것입니다.

15-3 연습문제

1 다음 한어병음의 한자와 뜻을 쓰세요.

① kè cāng _____

② máo tǎn _____

③ zhěn tóu _____

④ huàn _____

⑤ píng mù _____

⑥ yuè dú dēng _____

2 주어진 단어를 배열하여 올바른 문장을 만들어보세요.

① 说　再　一　遍　请

_____

② 和　我　枕头　为　准备　毛毯　您

_____

3 밑줄 친 부분을 주어진 말로 바꾸어보세요.

① 我为您叫<u>中国乘务员</u>。

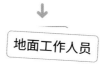

_____

② 我为您打开<u>阅读灯</u>。

_____

4 〈보기〉를 보고 빈 칸에 알맞은 단어를 찾아 쓰세요.

① 我为您_____一个新的耳机。

wǒ wèi nín huàn yí gè xīn de ěr jī

② 真抱歉，给您_____麻烦了。

zhēn bào qiàn, gěi nín tiān má fan le

③ 我为您_____中国乘务员。

wǒ wèi nín jiào zhōng guó chéng wù yuán

5 다음 문장에 공통으로 들어갈 단어를 쓰세요.

① 我为您换一＿＿＿＿＿＿新的耳机。

② 我为您重启这＿＿＿＿＿＿屏幕。

6 다음과 같은 상황에서 쓸 수 있는 알맞은 중국어 표현을 연습해 보세요.

1) 기내 엔터테인먼트 오작동

→ 헤드폰이 작동되지 않을 경우

＿＿＿＿＿＿＿＿＿＿＿＿＿＿＿＿＿＿＿＿＿

→ 모니터가 작동되지 않을 경우

＿＿＿＿＿＿＿＿＿＿＿＿＿＿＿＿＿＿＿＿＿

2) 기내 소등 전 책이나 신문을 보고 계시는 손님이 있을 경우

→ ＿＿＿＿＿＿＿＿＿＿＿＿＿＿＿＿＿＿＿＿＿

15-4 면접 꿀팁

인생에는 B안이 필요하다

마지막으로, 자기소개서나 면접실에서 궁금해하는 내용은 아니지만 인생의 선배로서, 비슷한 나이의 딸을 키우는 아빠로서, 그리고 꿈을 전하는 작가와 강사로서 내 딸에게 해주고 싶은 말로 끝맺음을 하고 싶다. '인생에는 B안이 필요하다'는 것이다. "꿈이 소중한가, 인생이 소중한가?" 당연히 꿈보다 인생이 소중하다. 꿈이 소중하지만 인생은 무수한 꿈의 집합체이자 본체이다. 승무원이라는 꿈도 참 매력적이고 설레는 꿈이지만 그 꿈이 아니더라도 멋지고 매력적인 꿈이 많다.

경북대 의대를 다니다 미스코리아 진이 되었지만 그런 이들이 흔히 선택하는 연예인이 되지 않고 새로운 꿈을 위해 하버드 대학을 갔던 '금나나'라는 사람이 있다. 하버드에서도 가장 엘리트들이 로스쿨과 의학대학원을 준비하는 사람들이라고 한다. 금나나는 의학대학원을 가기 위해 한국인 학생들에게 오해를 받아 가면서까지 어울리지 않고, 오로지 공부에 매달렸지만 졸업 때 지원한 모든 의학대학원에서 탈락의 고배를 마신다. 그때서야 주변을 돌아보니 세계 최고의 명문대학 중에서도 엘리트들인 로스쿨, 의학대학원 준비생들이 만에 하나 그 꿈이 안 되었을 경우를 대비해서 B안을 함께 준비하고 있었더라는 것이다. (금나나의 '네버엔딩 스토리' 참고)

승무원 꿈은 내 인생에서 하나의 여정일 뿐이다. 그것도 지원자의 99% 이상이 탈락의 고배를 마셔야 하는 바늘구멍이다. 그러니 진정 내 인생을 사랑하고 애정한다면 승무원이 안 되었을 때를 대비해 B안 길도 찾아 함께 준비했으면 한다. B안 길이 준비되면 승무원 면접관 앞에서도 더 당당해질 수 있다. '난 이 길이 아니어도 멋진 길이 있어요!'하는 마음으로 말이다. 하늘이 무너져도 솟아날 구멍을 내가 만들어야 한다. 왜? 내가 아니면 누가 내 인생을 책임져 주겠는가?

부록
연습문제 정답

제1과   기본 서비스 중국어 표현

1. ① 欢迎 환영하다   ② 登机 탑승하다   ③打扰 방해하다
      ④ 马上 곧, 즉시   ⑤ 感谢 감사하다   ⑥ 再见 안녕히 가십시오.

2. ① 不客气   ② 没关系

3. ① 等   ② 合作   ③ 准备

4. gěi nín 给您。

5. 1) 您需要帮忙吗?
      2) 感谢您的等待。

제2과   탑승

1. ① 可以 ～해도 된다.   ② 出示 보여주다.   ③ 登机牌 탑승권
      ④ 航班号 편명   ⑤ 上楼 위층으로 올라가다.   ⑥ 座位 좌석

2. ① 我可以看您的登记牌上的日期和航班号吗?
      ② 您的座位在那边。

3. ① 请那边走。
      ② 您的座位在那边。
        您的座位在前面。
        您的座位在后面。
        您的座位在里面。
        您的座位在外面。
        您的座位在中间。

4. 在

5. 1) 请出示登机牌。
      2) 请上楼。
      3) 请一直走。
      4) 请随我来。

제3과　**수하물 정리**

1. ① 安全 안전　　　② 行李 짐　　　③ 通道 복도　　　④ 紧急出口 비상구

   ⑤ 行李架 수하물선반　⑥ 易碎 깨지기 쉽다.　⑦ 必须 반드시

   ⑧ 货舱 화물칸　　　⑨ 拿出 꺼내다.　　⑩ 领取 수령하다. 받다.

2. ① 您的最终目的地是哪儿？

   ② 您可以在行李提取出领取。

3. ① 行李不能放在这里。

   　行李不能放在那里。

   　行李不能放在紧急出口。

   ② 请放在行李架内。

   　请放在座椅下面。

4. ① 拿出

   ② 必须

5. 为了

6. 1) 易碎的物品，请放在座椅下面。

   2) 不好意思，您的行李过大。

   3) 必须放在货舱保管。

   4) 请拿出贵重品，护照，药和易碎物品。

제4과　**자기소개 및 탑승감사 인사**

1. ① 负责 책임지다.　② 乘务员 승무원　③ 告诉 알려주다.

   ④ 旅途 여정　⑤ 愉快 유쾌하다.

2. ① 我是负责这里的乘务员…。

   ② 祝您旅途愉快。

3. ① 打扰

   ② 登机

4. 我是负责这里的乘务员000。

5. 1) 您需要帮忙，请随时告诉我。

   2) 祝您旅途愉快。

제5과 **승객 안전 점검**

1. ① 起飞 이륙하다　② 降落 착륙하다　③ 椅背 등받이　④ 系好 매다

   ④ 飞行模式 비행모드　⑤ 扶手 팔걸이　⑥ 安全带 안전벨트

2. ① 飞机移动时不要站起来。

   ② 起飞后才可以使用洗手间。

3. ① 请打开小桌板。

   ② 请收起脚踏板。

4. ① 调成　② 立直　③ 放下

5. 就要，了

6. 1) 请系好安全带。

   2) 请坐下。

   3) 请收起小桌板。

4) 请立直椅背。

5) 请打开遮光板。

제6과 **서류 서비스**

1. ① 转机 환승하다　　　② 填写 기입하다　　　③ 护照 여권

   ④ 入境卡 입국카드　　⑤ 海关申报单 세관신고서　⑥ 检疫卡 검역질문서

2. ① 每个人都需要填写。

   ② 海关申报单是一家一张。

3. ① 您有团体签证吗?

   ② 请填写海关申报单。

     请填写检疫卡。

4. ① 请问　② 不用

5. 要

6. 1) 您有团体签证吗?

   2) 请填写入境卡。

   3) 请填写海关申报单。

   4) 请填写检疫卡。

   5) 海关申报单是一家一张。

제**7**과　**이륙 후 서비스**

1. ① 安装 설치하다　② 婴儿摇篮 아기바구니　③ 颠簸 흔들리다

   ④ 拖鞋 슬리퍼　⑤ 耳机 이어폰　⑥ 湿巾 물티슈

2. ① 孩子在婴儿摇篮时，必须系好安全带。

   ② 飞机颠簸时，请抱好您的孩子。

3. ① 这是您要的耳机。

   ② 我给您拖鞋。

     我给您耳机。

4. ① 安装　② 给

5. 要

6. 1) 我帮您安装婴儿摇篮。

   2) 飞机颠簸时，请包好您的孩子。

   3) 您要用耳机吗?

   4) 这只您要的耳机。

   5) 我给您湿巾。

제8과 음료 서비스

1. ① 准备 준비하다　② 饮料 음료　③ 打开 열다
   ④ 选 선택하다　⑤ 已经 이미, 벌써　⑥ 别的 다른 것

2. ① 我 为 您 打开 小桌板
   ② 您 还 要 别的 饮料 吗

3. ① 我们为您准备餐食。
   ② 请您打开遮光板。

4. ① 喝　② 哪　③ 再

5. 打 开

6. 1) 我们有韩国国产啤酒和青岛啤酒。您要选哪一种?
   2) 已经打开了，请小心。

제9과 식사 서비스

1. ① 餐食 음식　② 小心 조심하다, 주의하다　③ 味道 맛
   ④ 不错 괜찮다, 좋다　⑤ 提供 제공하다　⑥ 先 먼저, 우선

2. ① 真 抱歉 您 选 的 餐食 已经 没有 了
   ② 提供 下 一 餐 时 我 帮 您 优先 选

3. ① 我们有煎蛋卷和粥。
   ② 您还需要番茄酱吗?

4. ① 慢　② 真　③ 试

5. 一下

6. 1) 海带汤有点儿烫。请您小心。
   2) 感谢您的谅解。

1. ① 糖 설탕　　② 伴侣 커피 프림　　③ 柠檬片 레몬슬라이스

　 ④ 咖啡 커피　　⑤ 红茶 홍차　　⑥ 绿茶 녹차

2. ① 您 还 要 喝 点 咖啡 吗

　 ② 我 马上 拿 给 您

3. ① 需要红茶吗？/ 需要乌龙茶吗？

　 ② 请把行李放在行李架内。

4. ① 点　② 和　③ 或

5. 需要

6. 1)您还要喝点咖啡吗？

　 2) 您还要喝点别的热饮吗？我们有绿茶，乌龙茶，茉莉花茶，人参茶。

제**11**과 회수

1. ① 用餐 식사를 하다　　② 完 다하다, 끝나다　　③ 帮 돕다

　 ④ 收 거두다, 회수하다　　⑤ 整理 정리하다　　⑥ 说 말하다

2. ① 您 吃 好 了 吗

　 ② 如果 您 还 需要 别的，请 随时 跟 我 说

3. ① 我为您准备耳机。/ 我为您准备湿巾。

　 ② 我为您收起婴儿摇篮。

4. ① 那　② 完　③ 还

5. 收

6. 1)您吃好了吗？那我帮您收一下吧。

　　 /您用完餐了吗？我可以帮您整理吗？

　 2)请您慢慢用餐，等一会儿我再来整理。

기내 면세품 판매

1. ① 申请单 신청서　② 现金 현금　　　③ 刷卡 카드로 결제하다

　　④ 卖 팔다　　　　⑤ 到 ~에 도착하다　⑥ 之前 ~이전에

2. ① 您 还 需要 别的 商品 吗？

　　② 这 是 您 的 收据 和 零钱

3. ① 请您填写入境卡。

　　② 您要付韩币还是人民币？

4. ① 接受　② 怎么　③ 填写

5. 免 税 品

6. 1) 真抱歉, 您要的商品已经卖完了。您还需要别的商品吗？

　　2) 请在这里填写您的座位号码, 姓名, 商品号码和数量。

착륙

1. ① 口袋 주머니　　② 下降 하강하다　　③ 停止 정지하다

　　④ 使用 사용하다　　⑤ 滑行 활주하다　　⑥ 停稳 완전히 멈추다

2. ① 为了 安全 下降, 我 为 您 收起 婴儿摇篮

　　② 请 先 坐 好, 飞机 还 在 滑行

3. ① 免税品申请单在您的座椅前口袋里。

　　② 飞机马上要起飞了。

4. ① 使用　② 不要　③ 如果

5. 到

6. 1) 飞机已经开始下降, 卫生间停止使用。

　　2) 请先坐好, 飞机还在滑行。

1. ① 希望 바라다　　　② 见到 만나다　　　③ 台阶 층계, 계단

　　④ 送 보내다, 배웅하다　⑤ 中转 갈아타다, 환승하다　⑥ 柜台 카운터

2. ① 我们 将 用 机场摆渡车 送 您 到 候机楼

　　② 下机 后 地面工作人员 会 帮助 您 的

3. ① 请慢用。

　　② 请您带好行李。

4. ① 会　② 将　③ 再次

5. 候 机 楼

6. 1) 谢谢，再见！/希望再次见到您！/请慢走，注意安全！/祝您旅途愉快！。

　　2) 我们将用机场摆渡车送您到候机楼。

1. ① 客舱 객실　　　② 毛毯 담요　　　③ 枕头 베개

　　④ 换 교환하다, 바꾸다　⑤ 屏幕 스크린　⑥ 阅读灯 독서등

2. ① 请 再 说 一遍

　　② 我 为 您 准备 毛毯 和 枕头

3. ① 我为您叫地面工作人员。

　　② 我为您打开小桌板。

4. ① 换　② 添　③ 叫

5. 个

6. 1) 我为您换一个新的耳机。

　　　我为您重启这个屏幕。

　　2) 我为您打开阅读灯。

항공승무원 중국어 자격증

항공승무원중국어(영문명은 "Chinese for flight attendants"이라 한다.) 1급, 2급, 3급 자격증

〈자격정보〉

자격명	항공승무원중국어	자격의 종류	등록민간자격
등록번호	2019-001542	자격발급기관	한국체험학습교육협회
총비용 (세부내역)	1급 응시료: 10만원 수강료 : 40만원 2급 응시료: 10만원 수강료 : 40만원 3급 응시료: 10만원 수강료 : 40만원	환불규정	− 응시료 : 접수마감 전까지 100% 환불, 　검정 당일 취소 시 30% 공제 후 환불 − 자격발급비 : 응시료에 포함되어 있음. 　합격자에게 한하며 불합격자에게는 해당되지 않음. 　자격증 제작 및 발송 이전 취소 시 100% 환불되나, 　이후 취소 시 환급 불가

〈기관정보〉

1) 교육과정운영기관 정보

기관명	승승중국어어학원	연락처	031-239-9905
대표자	홍 승 우	이메일	sshanyu@sshanyu.com
소재지	경기도 수원시 영통구 매탄로 108번길 601호	홈페이지	www.sshanyu.com

2) 자격관리(발급)기관 정보

기관명	한국체험학습교육협회	연락처	070)7776-6020
대표자	이 동 명	이메일	eastshine7@hanmail.net
소재지	서울시 서대문구 북가좌동 293-4호 2층	홈페이지	www.newditor.or.kr

1. 용어의 정의

공항 및 기내에서 사용하는 대고객 중국어 의사소통능력과 항공 관련된 중국어의 전반적인 지식, 상황분석능력 및 해결책 제시능력을 갖추어 고객을 응대하고 고객의 니즈를 해결하는 등의 목표를 원만히 달성할 수 있는 대고객 응대 서비스 중국어 실무역량을 갖추고 항공승무원 중국어 직무교육과 관련분야 지도업무를 숙련되게 수행할 수 있는 항공승무원 중국어 전문가 및 그 자격을 말한다.

2. 등급별 검정기준

자격종목	등급	검정기준
항공 승무원 중국어 자격증	지도사	전문가 수준의 항공승무원 중국어 교육프로그램 운용능력과 지도능력을 갖추어, 상황별 항공승무원 중국어 분야 고객응대에 최적화된 항공승무원 중국어 프로그램을 기획하여 강사 양성과정의 강의에 직접 적용하는 실무 지도능력과 관련자문수행의 책임자로서 갖추어야 할 능력을 갖춘 최고급 수준
	1급	준전문가 수준의 항공승무원 중국어 교육프로그램 운용능력을 갖추어, 상황별 항공승무원 중국어 분야 고객응대에 최적화된 항공승무원 중국어 프로그램을 응용하여 강의에 직접 적용하는 실무 지도능력과 관련 사무의 책임자로서 갖추어야 할 능력을 갖춘 고급 수준
	2급	항공승무원 중국어 교육프로그램 활용능력을 갖추어, 항공승무원 중국어 활용수준이 상급 단계에 도달하여 한정된 범위 내에서 항공승무원 중국어 실무와 관련 분야 기본업무를 수행할 능력을 갖춘 상급 수준
	3급	항공승무원 중국어 활용능력을 갖추어, 항공승무원 중국어 수준이 중급 단계에 도달하여 한정된 범위 내에서 실무 관련 분야 보조업무를 수행할 능력을 갖춘 중급 수준

3. 검정방법 및 검정과목

등급	검정방법	검정과목명	시험시간
지도사	실기	단독과제를 활용한 지도실무	00:00 ~ 01:00 (60분간)
1급	실기	항공승무원 중국어 프로그램을 활용한 과제 전개	00:00 ~ 01:00 (60분간)
2급	필기	공항 · 기내방송, 대고객응대, 기내안전, 비상시 용어, 판매안내, 기타	00:00 ~ 01:00 (60분간)
3급	필기	공항 · 기내방송, 대고객응대, 기내안전, 비상시 용어, 판매안내, 기타	00:00 ~ 01:00 (60분간)

4. 합격 기준

① 필기시험은 100점 만점 60점 이상인 자를 합격자로 결정한다. (2급, 3급 동일)

② 실기시험은 100점 만점 기준 60점 이상인 자를 합격자로 결정한다.